図説

企業の論点

野中郁江＋三和裕美子［編］

旬報社

はじめに

　2020年初頭から新型コロナ感染が拡大しました。仕事、教育、社会活動の場は、対面を避けなければならなくなり、在宅勤務、オンライン化が進みました。

　人の流れはせき止められ、飲食業と観光業、芸術・文化・スポーツ、航空・鉄道・バス事業は、大打撃を受けました。解雇・失業、就職難、生活苦は、深刻となる一方で、日経平均株価が1年間で1万円上昇し、富裕層の富がさらに増し、格差はさらに拡大しています。

　こうした社会経済活動の担い手は、企業です。本書は、現代企業を理解するためのキーワードをわかりやすくシャープに解説しています。どこからでも読み始めることができます。

　現在企業の特徴の一つは、証券市場が占める比重が拡大し、企業に多大な影響を与えていることです。株主重視経営、ガバナンス改革、モノいうファンド、企業の社会的責任などがキーワードです（第1章）。

　企業が生み出す富やお金の流れは、どうなっているのでしょうか。付加価値の分配、配当と内部留保、大企業優遇の税制、原発損害賠償、トリクルダウンなどが、キーワードです（第2章）。

　企業は労働者にとって職場です。解決すべき多くの課題があります。過労死事件、解雇・雇い止め、請負契約、ジェンダー平等、企業再編と労働者、労働法、労働組合などがキーワードです（第3章）。

　企業が発展していくためには、変革が必要です。人権の尊重、持続可能性、再生エネルギー、地球温暖化防止、社会的企業、SDGs、フェアトレードなどがキーワードです（第4章）。

　一通り読み終われば、現代企業が直面している課題と進むべき方向が見えてくる、これが本書の狙いであり、執筆者が込めた願いです。

　　　　　　　　　　　　　　　　　　　　　　　野中郁江、三和裕美子

株価重視で変わる日本の企業

第1章

株価重視で変わる
日本の企業

◉戦後日本の高度成長期を支えた日本企業の経営の特徴は、「日本的経営」と呼ばれてきました。その特徴として企業別組合、終身雇用、年功序列制度などがあげられます。資金調達の面を見ると、銀行による融資が中心であり、株式相互持合いが慣行として行われていました。そのため、株主や株価を意識した経営が行われていませんでした。

◉ところが、2000年代以降の外国人持株比率の上昇、さらに近年のコーポレートガバナンス改革などで株主重視経営が促進されてきました。

◉その結果、短期的な業績や株価の値上がりのみを重視する企業が増えてきました。本章では企業の本質を理解し、株価を重視した経営とその問題点を学びます。

① 企業とは何か

問われる企業ガバナンス

私たちの生活は、消費者、従業員としてなど企業と密接に関わっています。上場企業の株価やニュースは新聞などで目にすることが多いですが、上場企業以外にも企業はたくさん存在します。企業にはどのような形態があるのでしょうか。また資本主義の発達とともに大規模化した株式会社の抱える問題は何かについて考えます。

●企業の種類

　私たちは企業で生産されたものやサービスを購入し、企業に雇用され、また企業と取引をしたりして生活を送っています。企業とは会社、法人と呼ばれたりします。まず、それぞれの意味を確認しましょう。**図表1**を見てみましょう。

　企業とは、広義の意味では法人、個人問わず生産活動を継続的に営む経済主体のことを指します。法人とは、法律上の人格を持っている、すなわち契約を結ぶなどの義務や権利を行使できる集合体のことをいいます。企業といえば、一般には営利法人のことを指すことが多いです。営利法人の形態は、株式会社、有限会社、合同会社、合資会社、合名会社などです。わが国の法人企業数は約270万社、そのうち株式会社は約130万社です。わが国における中小企業数は全体の99.7%を占め、雇用者数の70%を生み出しています。このうち上場企業数は約3,700社にすぎません。

　企業の中心的主体である株式会社には、株式を公開している会社と公開していない会社、上場している会社と上場していない会社という区別があります。株式会社のなかには、家族や親類が役員をしている

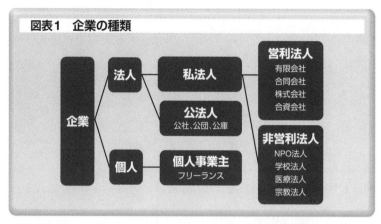

図表1 企業の種類

企業
├ 法人
│ ├ 私法人
│ │ ├ 営利法人
│ │ │ 有限会社
│ │ │ 合同会社
│ │ │ 株式会社
│ │ │ 合資会社
│ │ └ 非営利法人
│ │   NPO法人
│ │   学校法人
│ │   医療法人
│ │   宗教法人
│ └ 公法人
│   公社、公団、公庫
└ 個人
   └ 個人事業主
      フリーランス

同族会社といわれる会社の数が多く、株式の譲渡が制限されています。このような会社を未公開会社といいます。株式の譲渡が自由であっても、上場している会社とは限りません。つまり公開会社のなかには非上場会社もあるということになります。上場会社といわれる会社は、当然、公開会社です［→**図表2**］。

　第1章では、非上場会社や未公開会社も視野に入れながら、上場会社を中心に取り上げます。

　株式会社は、雇用、富の配分、税負担などのあり方、企業不祥事、さらには地球環境への影響など様々な問題を抱えています。どうしたら株式会社が課題を解決して、期待される役割を果たすことができるのでしょうか。また、私たちの社会は豊かに成長できるのでしょうか。第1章では株式会社の構造的な問題に焦点を当てながら、これらの点を考えます。本項では、企業ガバナンス（コーポレートガバナンスともいいます）の問題を取り上げます。企業ガバナンスとは、狭くは企業の意思決定・チェックの仕組みのことですが、広くは「会社は誰が支配しているのか」「会社は誰のものか」という議論のなかで、取り上げられています。

　まず企業ガバナンスの中心である株主と経営者との関係を扱う「所有と経営の分離」から話を始めます。

図表2　公開企業と上場企業

未公開会社	全株式を譲渡することが制限されている
公開会社	株式の全部、あるいは一部を自由に譲渡することができる
上場会社	株式を市場に上場している
非上場会社	株式を市場に上場していない

●株式会社の歴史と「所有と経営の分離」

　世界で初の株式会社は、1602年設立のオランダ東インド会社といわれています。株式会社において、株主は有限責任を負い、また株式流通市場の成立を伴って出資金の資金を回収することができるため、出資金が集めやすくなります。有限責任とは出資金の範囲内にその責任がとどまるということです。株式会社においては、必要資金が株式の発行などによる外部資金によって調達され、証券市場の発展とともに株式会社は飛躍的に発展してきました。

　株式会社成立当初は、株主のなかから経営者が選ばれ、所有者と経営者は、人的にも利害も一致していました。しかし、株式会社が大規模化し証券市場に上場するようになると、株主・投資家と経営者との関係が変わります。次に述べる「所有と経営の分離」という問題、コーポレートガバナンスの問題が生じてきます。

　現在でも多くの未公開会社では所有と経営は一致していますが、大規模化した株式会社では一致しなくなります。

　20世紀は株式会社の時代といわれています。特に、アメリカにおいて株式会社は、巨額の資金調達、大規模な生産活動を行うようになり巨大化しました。同時に株式会社の「所有と経営の分離」が重大問題となりました。アメリカの法学者バーリと経済学者のミーンズは、1920年代のアメリカにおける株式保有状況分析を行い、株式会社制度が広

範に普及していく過程で、大企業に経済力が集中する一方で株式所有が大衆化する現象に注目しました。この現象が進むと、経営に関心を持たない株主が増加することになります。彼らは株式市場の値上がり益にしか関心を持たなくなり、株主総会は形骸化し経営者が会社を所有することなく、実質的に支配できるようになります。究極的には、経営者が自らを会社のトップに選出して権力を握る「経営者支配」の状態が起こります。この現象が「所有と経営の分離」と呼ばれるものです。

　経営者支配の株式会社においては、ダイナミックな企業経営を行うことができる一方で、経営者の自己保身や暴走といった経営者独裁も起こりがちです。こうした所有と経営の分離から起きてくる弊害を防ぎ、監視するシステムを構築することが重要になってきます。

●企業ガバナンス（コーポレートガバナンス）

　企業ガバナンスとは、「所有と経営の分離」から起こる問題について監督し、制御する仕組みであり、株主が経営者を監視するシステムととらえられることが多いです。しかし、イギリスのコーポレートガバナンス・コードが示すように、企業と多様なステークホルダーズ（利害関係者）との関係を重視するとらえ方もあります。2019年にアメリカの経営者団体のビジネス・ランドテーブルがステークホルダー経営を提唱したことをきっかけに、短視眼的な企業経営ではなく、長期的利益やステークホルダーズ（利害関係者）を重視する企業ガバナンスに変わってきました。

〈三和裕美子〉

［参考文献］
加護野忠雄・砂川伸幸・吉村典久［2010］『コーポレート・ガバナンスの経営学──会社統治の新しいパラダイム』有斐閣。
水戸公編著［2013］『バーリー＝ミーンズ』（経営学史叢書）経営学史学会。
三和裕美子［1998］『機関投資家の発展とコーポレート・ガバナンス──アメリカにおける史的展開』日本評論社。

② 変わる株主
株式所有構造の変化と株主の匿名化

> 株主は、企業の主要なステークホルダーの一つであり、企業経営に対して大きな影響を与える存在でもあります。しかし、一口に「株主」といっても、その構成主体は、家計、企業、金融機関、機関投資家など実に様々です。それでは、現在の日本企業の株主はいったい誰なのでしょうか。ここでは、日本企業の株式所有構造とその特徴について見ていきます。

●日本における株式保有構造の変化

　バブル崩壊を契機として、日本の株主構造は大きく変化しました。戦後の日本経済の大きな特徴の一つであるメインバンク制と株式相互持合いを基盤とする法人資本主義[→本章5]が解体するなかで、影響力を高めてきたのが機関投資家です。まずは、日本における株式保有の構造変化の全体像を見てみましょう[→図表1]。この図表を見ると1990年前後を境に顕著な変化が発生していることが見てとれます。

　一つ目は、銀行をはじめとする金融機関が企業の株式保有比率を大きく低下させていることです。こうしたなかで、銀行などはこれまで、メインバンクとして持っていた影響力を低下させていきました。

　もう一つの変化は、海外の機関投資家が株式保有比率を大きく上昇させていることです。海外投資家は、これまでの株主と異なり株主総会で積極的に議決権行使を行います。その結果、企業は株主との関係を意識せざるをえなくなりました。また、東京証券取引所の株式売買の約6割が海外投資家によるもので、海外投資家は株式市場の中心的な存在となっています。

　総じて見ると、日本の株式保有構造は海外投資家を中心とする機関

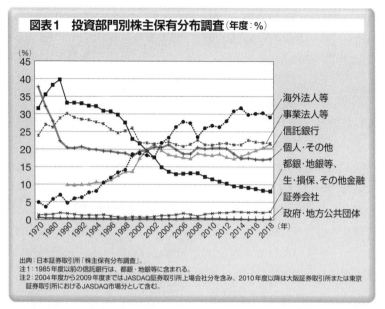

図表1　投資部門別株主保有分布調査（年度：%）

(%)

海外法人等
事業法人等
信託銀行
個人・その他
都銀・地銀等、
生・損保、その他金融
証券会社
政府・地方公共団体

出典：日本証券取引所「株主保有分布調査」。
注1：1985年度以前の信託銀行は、都銀・地銀等に含まれる。
注2：2004年度から2009年度まではJASDAQ証券取引所上場会社分を含み、2010年度以降は大阪証券取引所または東京証券取引所におけるJASDAQ市場分として含む。

投資家が主要な株式保有者となり、企業と株主との関係も企業と機関投資家の関係が中心となったといえるでしょう。

●**影響力を増す議決権行使助言会社**

　それでは株式保有の中心が機関投資家に移っていったことによって何が変わったのでしょうか。一つは株主総会での議決権行使が増加し、それに伴って議決権行使助言会社（以下、助言会社）の影響力が高まっていることがあげられます。

　助言会社とは、機関投資家に対して、上場企業の株主総会で出される議案に対し、独自の分析に基づいてどのような議決権行使を行うべきかを勧告するサービスを行う会社のことです。現在、多くの機関投資家がインデックス運用を採用しています。インデックス運用では多数の企業に分散投資を行うため、すべての企業の議案を自身で検討するとそのコストが非常に大きくなってしまいます。そこで議決権行使を行う際の判断材料として助言会社の勧告が参照されるのです。したが

って、助言会社は投資家の企業に対する姿勢を大きく左右する存在であり、企業に対しても大きな影響を与える存在です。

一方で、助言会社の利益相反に対する懸念や勧告内容が形式的であること、そして決定プロセスの不透明性などが問題となってきています。そこで現在、助言会社に対する規制が検討されています。

●信託銀行（信託口）とは何か

近年の日本企業に対する株式保有のもう一つの特徴は、信託銀行（信託口）が大企業の大株主として登場してきたことです。信託銀行は「資産管理専門銀行」とも呼ばれ、委託者の資産の管理業務を行う機関です。信託銀行自身に議決権があるわけではなく、また大株主名簿に出てくる信託銀行の所有株数は、資産管理を委託している投資家たちが所有している株数の合計です。そして投資家は信託銀行に議決権行使の手法を指示し、信託銀行はそれに従って議決権行使を行います。したがって、大株主名簿を見るだけでは誰が実際の株主であり、誰が実際に議決権行使を行っているのかがわからないのです。

では、実際の株主は誰なのでしょうか。**図表2**は2017年度の日立製作所の株主構成を見たものです。大株主名簿上は、海外のカストディアンを含め10社中7社が信託銀行になります。一方実質株主の方を見ると、世界的に大手の資産運用会社であるBlackRock社が運用するファンドなどが上位株主として存在しており、実質的な株主としては国内外のファンドが主要な株主であることがわかります。

以上の特徴を見ていくと、現在の株主は匿名化が急速に進行していることがわかります。本書のなかで指摘されているように、株主の社会的責任も大きくなっており、それを促すのは市民社会からの監視です。しかし匿名化が進んだ状況では市民社会は株主について知ることすらできず、社会的な責任を追及することは到底できません。こうした状況を変えるためにも、株主の匿名化状況を改善する必要があります。

〈葛西洋平・三和裕美子〉

図表2　2017年度日立製作所の株主構成

	大株主名簿の株主		
	氏名または名称	所有株式数 （株）	発行済株式総数に対する所有株式比率（%）
1	日本マスタートラスト信託銀行株式会社（信託口）	284,898,000	5.89
2	日本トラスティ・サービス信託銀行株式会社（信託口）	252,038,415	5.21
3	日立グループ社員持株会	105,779,384	2.19
4	日本生命保険相互会社	93,264,995	1.93
5	日本トラスティ・サービス信託銀行株式会社（信託口5）	88,220,000	1.83
6	日本トラスティ・サービス信託銀行株式会社（信託口9）	84,599,000	1.75
7	ステート ストリート バンク トラスト カンパニー 505225（常任代理人　株式会社みずほ銀行）	75,789,192	1.57
8	ステート ストリート バンク ウェスト クライアント トリーティー 505234（常任代理人　株式会社みずほ銀行）	75,205,327	1.56
9	第一生命保険株式会社	71,361,222	1.48
10	日本トラスティ・サービス信託銀行株式会社（信託口7）	67,992,000	1.41

	実質株主		
	氏名または名称	所有株式数 （株）	発行済株式総数に対する所有株式比率（%）
1	BlackRock Fund Advisors	155,422,098	3.22
2	Hitachi Group Employees Stock Ownership Plan	105,779,384	2.19
3	The Vanguard Group, Inc.	102,952,874	2.13
4	Nippon Life Insurance Co.	93,264,995	1.93
5	Nomura Asset Management Co., Ltd.	91,772,697	1.90
6	BlackRock Japan Co., Ltd.	89,521,000	1.85
7	Dai-ichi Life Holdings, Inc.	64,801,222	1.34
8	Norges Bank Investment Management	60,685,624	1.26
9	Causeway Capital Management LLC	42,440,700	0.88
10	Daiwa Asset Management Co. Ltd.	39,344,128	0.81

出典：日立製作所有価証券報告書（2017年度）および FactSet Researchより筆者作成。

［参考文献］

奥村宏［2005］『最新版法人資本主義の構造』岩波書店。

鳥居陽介［2016］「大株主としての『信託口』──その仕組みと位置づけ」『証券経済学会年報』第51号。

③ モノいうファンドが企業に与えるインパクト

2000年代半ば以降、「ファンド」による企業・社会への影響が注目されるようになってきました。なかでも「ヘッジファンド」や「プライベートエクイティファンド」など、「代替投資ファンド」と呼ばれる種類のファンドに注目が集まっています。では、ファンドとはいったい何なのでしょうか。また、企業にどのような影響を与えたのでしょうか。ここでは、その実態について見ていきます。

●ファンドとは何か

近年「ファンド」による経済や企業に対する影響力の高まりが注目されるようになっています。ファンドとは、投資の専門家が、投資家から資金を集めて「ファンド(基金)化」し、それを様々な投資対象で運用する仕組みのことを指しています。ファンドには様々な種類があり、運用手法や投資対象などによって区分されています。

ファンドのなかでも企業・社会との関係で注目されることが多いのは、「ヘッジファンド」や「プライベートエクイティ(PE)ファンド」と呼ばれる種類のファンドです。これらは伝統的な機関投資家に対して「代替投資ファンド」と呼ばれ、積極的に企業経営に介入することが知られています。

代替投資ファンドの大きな特徴は、集中投資を行うこと、そして最終的には株式を売却し、その売却益を獲得することを目的としていることです。そのため、これらのファンドは短期的な株価上昇に非常に強い動機を持ち、それを実現するために企業経営への介入を行うのです。

ファンドが株式の売却を前提にしていることは、ファンドの利益最大化が企業の長期的な価値向上とは必ずしも一致しないことを意味して

います。むしろファンドによる短期的な株価上昇を目指す経営介入は、賃金引き下げや雇用のリストラ、労働慣行の否定など労働条件の悪化、被買収企業の資産売却や低収益部門の閉鎖、研究開発費の削減、配当リキャップ（被買収企業に負債形態で資金調達を行わせ、それを特別配当で投資家に還元する手法）の実施を行う傾向があることが指摘されています。

●株主アクティビズムの台頭

　代替投資ファンドによる企業経営への介入の代表的なものが、株主アクティビズムです。株主アクティビズムとは、短期的な株価の上昇を目的に、株主総会での議決権行使や経営者への書簡送付などを含む直接的な対話を行い企業経営に介入することです。アクティビストの直接的な要求は、配当や自社株買いによる株主還元を行うことですが、その資金を作り出すために、不採算部門や会社資産の売却、M&Aや事業再編、それに伴う雇用削減なども要求します。アクティビストは「モノいう株主」ともいわれ、2000年代半ば頃から日本での活動も活発化してきており、大企業も対象になっています［→**図表1**］。

　具体的な事例を見てみましょう。2019年11月5日に、海外投資家の要望を受けてJR九州が上限100億円の自社株買いを発表しました。この事例の特徴は、本来の株主還元は利益からの還元であるにもかかわらず、社債を発行して（=借金をして）資金を形成し、自社株買いを行ったことです。しかしJR九州は2017年の豪雨災害で被災した日田彦山線が一部不通となっており、赤字・不採算を理由に当該区間の廃線（BRTへの転換）を決定しました。ファンドの利益最大化を求める株主アクティビズムに対して、どのように公共的役割を担う鉄道事業を守っていくのかが問われているといえるでしょう。

●PEファンドによる企業支配と不公正ファイナンス

　ファンドが直接企業を支配し、それを通じて利益を上げていく場合もあります。こうした方法をとる代表的なファンドとしてPEファンドがあります。

図表1　近年の株主アクティビズムの代表事例とその結果

企業名	ファンド	要求内容	介入結果
JR九州 (2019年)	ファーツリーズ・パートナーズ	• 自社株買い (600億円)	• 株主総会では提案を否決 • しかし後日「海外投資家との対話により」100億円を上限とする自社株買いの実施を公表
東芝 (2018年)	キング・ストリート・キャピタル・マネージメントなど複数の海外ファンド	• 株主還元策(自社株買い)の実施	• 上限7,000億円の自社株買いの実施を公表
セブン&アイ・ホールディングス (2016年)	サードポイント	• 業績向上 • ヨーカ堂のスピンオフ • 株主還元 • 経営体制の変更	• 不採算店舗の閉鎖 • 会長の辞任
ファナック (2015年)	サードポイント	• 株主還元	• 配当増額(配当性向30%→60%)
ソニー (2013年)	サードポイント	• ノンコア事業の売却またはスピンオフ	• テレビ事業部門の会社分割

出典：報道資料を参考に作成。

　ユニオン光学の事例は、PEファンドに企業を支配された事例です。

　この事例の特徴は、支配した企業に対し事業再編や雇用切り捨てを行っただけでなく、第三者割当増資を使って、会社の資産を不正に流出させる不公正ファイナンスが行われたことです。

　この事例で発生した不公正ファイナンス(偽計取引)の仕組みは次のようになります[→**図表2**]。①第三者割当増資によりユニオンHDに資金が払い込まれる、②その直後にユニオンHDは他社を経由し資金を還流させる、③還流した資金をもとに残額を払い込みする。以上の流れを経ることで、実際より約2億円多く増資を引き受けたかのように見せかけたのです。ファンドによる企業支配は、究極的には企業の資産を流出させ、企業そのものを破壊してしまうこともあるのです。

●**ファンドとの向き合い方**──EUにおける対策を参考に

　ファンドが台頭し、企業・社会との対立が先鋭化していく事例が見られるなかで、一つの大きな課題は、形式上ファンドは企業の「所有者」

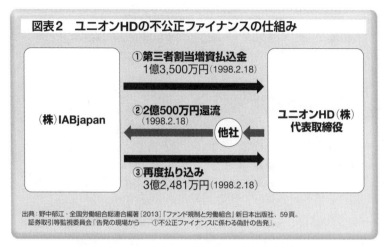

図表2　ユニオンHDの不公正ファイナンスの仕組み

（株）IABjapan

①第三者割当増資払込金
1億3,500万円（1998.2.18）

②2億500万円還流
（1998.2.18）
他社

③再度払り込み
3億2,481万円（1998.2.18）

ユニオンHD（株）
代表取締役

出典：野中郁江・全国労働組合総連合編著［2013］『ファンド規制と労働組合』新日本出版社、59頁。
証券取引等監視委員会「告発の現場から──①不公正ファイナンスに係わる偽計の告発」。

であり、「経営者」でないために労働組合を通じた企業内部からの対抗が難しいことです［→**第3章9**］。

　こうしたファンドの影響の高まりに対し、EUでは規制が制定されています。そのなかでは、ファンドによる情報開示水準の引き上げや、短期間に企業の基盤を破壊するような純資産の流出を禁止する規定が設けられています。日本でもこうした対策を参考にファンドに対する規制を行う必要があるでしょう。　　　　　　　　　　　　　　　〈葛西洋平〉

［参考文献］
野中郁江・全国労働組合連合会編著［2013］『ファンド規制と労働組合』新日本出版社。
三和裕美子［2013］「［誌上解説］ファンドとは何か」『経済』216号。
三和裕美子［2016］「ヘッジファンド・アクティビズムと現代企業」『経済』255号。
ITUC［2007］ *Where the house always wins: Private Equity, Hedge Funds and the new Casino Capitalism*, Brussels: International Trade Union Confederation.

4 ROE重視経営
株主のための「攻め」のガバナンス

「ファンド資本主義」のもと、株式の売買益（キャピタルゲイン）を求める株主が拡大し、株価を引き上げる要求が強くなり、ROE重視経営が注目されています。コスト削減による四半期の純利益拡大、不採算事業等の撤退・売却、自社株買いや負債（借金）の拡大により、労働者や下請け企業の切り捨てや長期的な企業成長の阻害をもたらす不安が拡大しています。

●ROE（Return on Equity：株主資本利益率）とは

$$\text{ROE} = \frac{\text{当期純利益}}{\text{株主資本}} = \text{総資産利益率（ROA: Return on Assets）} \times \text{財務レバレッジ}$$

$$= \text{売上高利益率}\left(\frac{\text{当期純利益}}{\text{売上高}}\right) \times \text{総資産回転率}\left(\frac{\text{売上高}}{\text{総資産}}\right) \times \text{財務レバレッジ}\left(\frac{\text{総資産}}{\text{株主資本}}\right)$$

注：総資産を総資本、株主資本を自己資本とする場合もある。

●ROE重視経営の歴史展開とアベノミクス企業統治改革

　1991年バブル崩壊、1998年銀行危機での株価急落以後、買収防衛・会社支配のための企業集団内株式相互持合いによる「法人資本主義」から、国内外の機関投資家（投資ファンド）等の資産運用のための株式所有による「ファンド資本主義」へ移行しています。アメリカ政府は、1985年の日米構造協議以後、株式の「相互持合い」の解体を要求し、1995、96年のアメリカ政府「対日年次改革要望書」で、敵対的「合併・買収（M&A）」の促進、買収利益のための不動産の自由売却と雇用の流動化（解雇自由化と非正規雇用拡大）、その後ROE重視経営を求めました。2002年「金融再生プログラム（竹中プラン）」では、大企業を含む企業・事業の解体・

売却、買収・不動産・ヘッジ等の投資ファンドによる日本企業・事業の再編、解雇と非正規雇用拡大を進めました。

2012年に始まる第二次安倍政権は、アメリカの要望に応えて、企業統治（コーポレートガバナンス）改革を行い、株主、特に投資ファンド（資産運用者としての機関投資家）の利益のために企業経営者を管理すべきとし、そのために高株価経営と「企業の新陳代謝」（リストラ）を企業に求めました。「コーポレートガバナンス・コード」は2015年に東京証券取引所上場規則として施行され、会社は株主のものという「株主主権」を第一原則にし、買収防衛のためのいわゆる「政策保有株式」（銀行や企業間の持合い株、子・系列会社株所有）を解消、自由な敵対的買収を可能にし、企業に買収防衛のための高株価経営を求めました。

安倍政権は、『「日本再興戦略」改訂版2014』で、企業の「稼ぐ力」を強くし、株主のための「攻め」の企業統治を強めるために、株価を引き上げる「グローバル水準のROE」を国家目標とし、経済産業省「伊藤レポート（2014年）」で8％を上回るROEを目標とし、ROE等が高い400社の株価指数である「JPX日経インデックス400」も開始しました。

●ROEの意味と動向

ROEは、アメリカ株式市場で機関投資家の影響力拡大以後、株価上昇の投資指標として注目されました。

ROEを高めるために、「コーポレートガバナンス・コード」は、分子である当期純利益を増やす「収益計画」と、分母である株主資本を減らす「資本政策」とを、企業に求めています。ROEを株価上昇の指標として使うと、四半期（3か月ごとの）決算での短期的数値が問題になります。**図表1**のように、ROEは、リーマン危機時2008年度1.5％、安倍政権発足時2011年度3.6％から2017、18年度9.8％へ急上昇しています。自社株買いで株主資本を縮小する資本政策も普及してきています。

●売上高利益率の急増

ROEを構成する各要素の推移を見ていきましょう。売上高利益率を

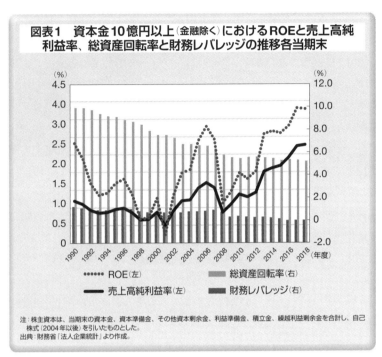

図表1　資本金10億円以上（金融除く）におけるROEと売上高純利益率、総資産回転率と財務レバレッジの推移各当期末

凡例:
- ROE（左）
- 売上高純利益率（左）
- 総資産回転率（右）
- 財務レバレッジ（右）

注：株主資本は、当期末の資本金、資本準備金、その他資本剰余金、利益準備金、積立金、繰越利益剰余金を合計し、自己株式（2004年以後）を引いたものとした。
出典：財務省「法人企業統計」より作成。

「伊藤レポート」では、日本の低ROEの最大要因としています。2008年度0.7％、2011年度3.6％から2018年度6.6％へ急増しています。近年「売上高」がほぼ変化せず、四半期での短期的期間利益である「純利益」が2018年度は1997年度比10.2倍、2011年度比3.6倍になったからです。この「収益力」強化のために、人件費・下請け単価や設備・研究開発投資等を削減する短期的視野の経営が蔓延したのです。

● **総資産回転率の低下傾向と大リストラ要求**

　海外に比べ高いといわれた総資産回転率は、1990年1を超えていましたが売上高停滞と総資産増加（対外M&A等）のなかで0.6まで低下しています。それを引き上げるために海外機関投資家等が、事業の「選択と集中」、すなわち「既存事業の見直し、不採算事業の整理」等の大リストラによる総資産縮小を大胆に進めるべきと強く要求しています。この事

業縮小のために、1990年代後半以後解雇可能な「不安定労働者」を拡大し、「不当解雇の金銭解決制度」の法制化の動き等も進んでいます。安易で冷酷な事業の整理・切り捨ては、現在の利益率の高い事業だけを残し、長期的な将来の事業の再生・育成の可能性や労働意欲を阻害します。

●財務レバレッジ低下と短期的視野の「資本効率」追求

財務レバレッジは、総資産（資本）を拡大し、株主資本を減らすことで、上昇します。財務レバレッジは、高度成長期には借金経営によって高い水準で推移し、1995年度3.6から銀行危機以後の借金返済と内部留保（株主資本の一部）の拡大によって2018年度2.2まで急落しました。今、株式資本である内部留保を取り崩し、自社株買いによる株式資本の削減や対外M&Aによる資産拡大という短期的視野の「資本効率」に基づき財務レバレッジを引き上げるべきと、投資家は強く要求しています。自社株買いは、2001年度9,800億円から2019年度7兆3,200億円へ急増してます。アメリカでは、巨額化する自社株買いを社債で調達し、負債（借金）を拡大し、財務レバレッジを引き上げています。

●利害関係者型企業統治と新しい「稼ぎ方」

アベノミックスでの「稼ぐ力」を強くする「攻め」の企業統治でのROE上昇政策は、労働者や下請け企業から搾り取った内部留保を取り崩させ、配当や自社株買いによる株主還元を強化し、短期的な株価上昇を目指したものです。長期的な視野での日本企業の発展を阻害します。

今アメリカでも、短期的な株価を意識した短期的な期間利益追求と株主還元重視の経営のあり方に大きな社会的な批判が渦巻いています。2019年アメリカ経営者団体ビジネス・ランドテーブルは、会社は短期的株主価値を追求する株主のものでなく、顧客、従業員、取引先、地域社会、長期的株主などの多様な利害関係者（multi stakeholders）のものであると宣言しました。新たな企業統治と企業の「稼ぎ方」が求められています。 〈國島弘行〉

5 日本企業の支配構造を知るキーワード

本書では日本の企業のあり方について多面的に論じていますが、その多くはバブル崩壊以降の日本企業のあり方を取り上げています。一方、第二次世界大戦後からバブル崩壊までの日本企業のあり方は独自の構造を持っており、今の日本企業のあり方にも大きな影響を与えています。ここでは、戦後日本企業の支配構造をキーワード形式で紹介していきます。

●六大企業集団

　日本では、終戦に伴いGHQによって財閥が解体され、財閥が保有していた株式は個人投資家への売却が行われました(証券民主化)。しかし、戦後直後の経済不況のなかでは個人の株式保有はほとんど根付かず、むしろ冷戦構造のなかで旧財閥系を中心に企業集団結合が再び形成されるようになります。そして、1950年代半ば頃から三井・三菱・住友・芙蓉・第一勧業・三和の6行を中核銀行とする企業集団が形成され、日本経済の中心的存在となりました。

　この六大企業集団はそれぞれが全体としての産業構造連関を体現するように配置される大手企業グループから構成され、銀行がグループ企業への優先的な系列融資を行うとともに、総合商社が集団内企業の取引を仲介していました[→図表1]。また、企業集団のメンバーはそれぞれ傘下に子会社・下請け会社を持ち、こうした体系のことを「系列」と呼びました。

　企業集団の結合を示すものとしては、メインバンク制(融資)、企業間取引、株式相互持合い、社長会(人的結合)などが指摘されています。企業集団メンバーの大企業は銀行借入を行う際に、特定の銀行から多く

図表1　三井系・三菱系・住友系の社長会メンバー企業(1959年)

産業別	三井系[五日会]	三菱系[金曜会]	住友系[白水会]
銀行	三井銀行 三井信託	三菱銀行 三菱信託	住友銀行 住友信託
保険	三井生命 大正海上	(明治生命) (東京海上)	住友生命 住友海上
商社	三井物産 (東洋綿花) (東京食品) (ゼネラル物産)	三菱商事	住友商事
農林業	(三井農林)		
鉱業	三井鉱山 (北海道炭礦)	三菱鉱業	住友石炭
建設業	(三井建設) (三機工業)		
食料品		(麒麟麦酒)	
繊維	東洋レーヨン	三菱レイヨン	
紙・パルプ		三菱製紙	
化学	三井化学 東洋高圧 (三池合成) (三井石油化学)	三菱化成 三菱油化	住友化学
石油		三菱石油	
窯業		旭硝子 三菱セメント	日本板硝子
鉄鋼	(日本製鋼所)	三菱製鋼 三菱鋼材	住友金属工業
非鉄金属	三井金属	三菱金属	住友金属鉱山 住友電工
電気機械		三菱電機	日本電気
輸送用機器	三井造船 (昭和飛行機)	三菱造船 三菱日本重工業 新三菱重工業	
機械	(三井精機)		住友機械
不動産業	三井不動産	三菱地所	住友不動産
海運業	三井船舶	三菱海運 (日本郵船)	
倉庫業	三井倉庫	三菱倉庫	住友倉庫

注1：三井系の(　)内は五日会のメンバーではないが、月曜会のメンバーである企業。
注2：三井系の五日会は二木会の前身である。
注3：三菱系の(　)内は金曜会のメンバーではないが、別置の社長懇談会のメンバーである企業。

出典：橋本寿朗・武田晴人他編[1992]『日本経済の発展と企業集団』東京大学出版会、262頁。
原出典：経済調査会『年報系列の研究(1960年度版)』10頁。

の借入を行うことで、安定的な資金調達を実現します。また、原材料や財・サービスの仕入れ、販売でも、企業集団内部で多くの取引が行われます。そうすることで、安定的な生産・販売体制の構築が可能になるのです。そしてそれぞれの企業は相互に株式を持ち合い、役員の派遣や社長会の形成を行い相互信認・相互監視を行います。このようにして形成される企業集団によって、高度成長期には大企業群の安定的な成長を実現しました。

　企業集団の特徴は、メンバーである大企業同士の支配構造がピラミッド型ではなくネットワーク型であることです。各企業は相手方の発行済株式の2〜3%を保有するにすぎませんが、株式保有される側から見るとメンバー企業から合計20〜30%が保有されることになります。つまり社長会は全体として見ると十分に支配可能な株式を保有しているので、その意向に逆らうことはできないのです。このように、株式相互持合い、社長会を媒介にして常に「多対一」の支配関係が形成されていました。こうした支配構図のことを「多角的相互支配」と呼びます。

　しかし企業集団結合の中核となる株式持合いは、バブル崩壊による株価下落のなかで、各企業(特に銀行)にとって重荷となっていきます。また、バブル経済のなかでは多角的相互支配でのチェック機能が働かず、外部の株主からの介入ができないことが欠点だと批判されるようになり、ガバナンスの議論として株主主権論が台頭してきます。こうした経緯を経て、企業集団は解体していきました。

●法人資本主義と日本的経営

　戦後の日本では、六大企業集団が形成され大企業群による産業支配が行われただけでなく、企業が政治や人々の生活まで支配する構図が形成されました。経済学者の奥村宏は、こうした社会構造のことを「法人資本主義」「会社本位主義」と呼びました。

　法人資本主義のもとでは、「日本的経営」と呼ばれる経営体制が形成されてきました。日本的経営は、新卒から定年まで一つの企業に勤め

る終身雇用、勤続年数とともに昇給が行われる年功賃金、労使協調が実現しやすい企業別組合によって構成され、それに加えて手厚い企業内福祉も特徴の一つでした。

　ただ、この仕組みは決して平等なものではなく、労働者を激しい競争環境のもとにおいて「会社人間」を作り上げていくものでした。例えば、年功賃金における昇給の幅は昇格によって大きく差が設けられ、昇格にあたっては「人事考課」が行われました。人事考課のなかでは職務遂行能力を見る能力評価、意欲や勤務態度を見る情意評価、成果を見る業績評価の3点から行われ、常に上司からの評価が行われています。また、住居手当や養育費手当などの企業内福祉の充実は、会社への帰属意識を高める一方で、会社を辞めたらこれらが一気に負担になる構図を作り出しました。このようにして日本的経営のもとでは、従業員が会社で一生懸命働くための仕組みを作り出し、これが日本企業の強みといわれたのです。

　しかしこうした仕組みは「過労死」にさえつながる長時間労働や、男性が働き女性が家事・育児を行う性別役割分業を前提にしています。このようにして見ると、日本的経営は崩壊したといわれますが、企業内福祉などは縮小した一方で長時間労働や女性労働の問題などは依然として残っていることもわかります[→第3章2、第3章7]。会社のため＝「会社本位」というイデオロギーはいまだに日本社会の特徴であるといえるでしょう。

●バブルの発生と崩壊

　1980年代の日本経済では、アメリカを中心とした他国への「集中豪雨的輸出」によって、他の先進諸国と比較して好景気を実現していました。これに対し、アメリカは1985年のプラザ合意やその後の対日圧力などを通じ、円高誘導、協調利下げ、そして日本経済の内需拡大を要求してきました。

　政府・日本銀行はこれに対応する形で、長期の金融緩和を実施しま

した。また政府は、内需拡大政策として都市開発やリゾート開発を推奨し、ここに金融緩和のなかで形成された過剰資金が企業、家計、そして金融機関自身から大量に流入。そのことによって、土地価格の異常な高騰（土地バブル）が形成されたのです。また企業は、こうした投機資金をエクイティ・ファイナンス（増資・転換社債・新株予約権付社債）を通じて集め、それによって土地・株式バブルが形成されました。

しかしバブルは、金融引き締めへの移行や不動産の総量規制の導入などによって一挙に崩壊していきます。その結果、企業・家計は多額の損失を抱えるとともに金融機関にも多くの不良債権が発生し、その処理のために多額の公的資金が投入されました。

バブルの崩壊は株価下落を通じて大企業同士の「持合い崩れ」を引き起こし、企業集団結合の解体（弛緩）を促しました。また、これまでの日本の金融・経済システムの脆弱性が指摘され、より株主主権型のシステムが目指されるようになります。ただし、本書でも指摘しているように、このシステムが社会の持続可能性にとってよりよいシステムであるのかどうかについては様々な議論が存在します。

●日本版金融ビッグバン

日本版金融ビッグバンとは、1996年から数年の間に進んだ金融規制改革のことを指しています。金融ビッグバンは戦後金融行政のあり方を大きく変えました。ちなみに、イギリスの大規模な証券市場改革もビッグバンと呼ばれることから、それと区別するために「日本版金融ビッグバン」と呼んでいます。

もともと日本の金融システムに対しては、アメリカから長年にわたり規制緩和が要求されてきました。自由化の議論は、各業界の利害が複雑に絡み合いなかなか進んできませんでした。しかし、1990年代後半になるとバブル経済崩壊以降の金融機関への公的資金投入などと並行して、自由化の議論は一挙に進みます。金融ビッグバンの基本的な原則は、1996年橋本龍太郎首相（当時）が、「わが国金融システムの改革」

に示した以下の3点にあります。

①「フリー」：市場原理が機能する自由な市場。具体的には業際規制や商品規制の緩和・自由化などの規制緩和を推進すること。

②「フェア」：透明かつ信頼性のある市場。具体的にはディスクロージャー（情報開示）の拡充・徹底など。

③「グローバル」：国際的な市場。具体的にはデリバティブなどへの対応や会計基準の整備（時価会計への移行）など。

以上の三つの原則に沿う形で、1998年の「金融システム改革法」の成立を契機に、外国為替取引の自由化、投資信託や証券市場の自由化、金融持株会社設立が可能になるなど金融自由化が大きく進展しました。こうした一連の自由化を通じ、銀行を中心とする間接金融システムから証券市場やファンドなどを活用した直接金融システムへの移行が目指されたのです。

金融ビッグバンのあとに金融業界の再編は大きく進みました。六大企業集団の中核銀行は合併などを経て、現在三大メガバンクになっています。また、金融ビッグバンとこれに続く形で行われた企業法制の変化［→**本章8**］によって、M&Aなどの多様な活動が行いやすくなり、グローバルな投資家が日本の株式市場に進出するようになりました。

〈**葛西洋平**〉

［**参考文献**］
奥村宏［1984］『法人資本主義』御茶の水書房。
渡辺治他編［2004］『変貌する〈企業社会〉日本』旬報社。
萩原伸次郎［2006］『ワシントン発の経済「改革」——新自由主義と日本の行方』新日本出版社。
白川方明［2018］『中央銀行——セントラルバンカーの経験した39年』東洋経済新報社。

⑥ 自社株買いを進める大企業

近年、企業の自己株式が増加しています。なぜ、企業は自社株買いを進めるのでしょうか。本項では、まず、特に大企業の自己株式の増加が顕著であることを示します。そして、大企業の自己株式はどのように利用されているのかを企業の決算書から分析し、最後に自己株式が誰にどのような利益をもたらすのかを分析します。

●自己株式の増加

2001年の商法改正により自己株式の取得が可能となり、近年、自己株式が急激に増加しています。「法人企業統計」によると、全産業の自己株式は、2009年に16兆円であったのに対し、2018年には26兆円となり、1.5倍に増加しています。

資本とは維持すべき会社財産を表し、会社財産を分配することは、「蛸配当」と呼ばれ、禁止されてきました。自己株式を取得し、処分や消却することで、資本の払い戻しや分配が行われ、資本と利益の混同が生じています。

本項では、特に大企業が自己株式を保有している状況や、自己株式はどのように使われているのか、なぜ自己株式を取得するのかについてまとめました。なお、自己株式の処分とは、第三者に自己株式を交付することです。発行済株式数は変わらず、自己株式の取得原価よりも交付時の時価が低ければ（損失のとき）、資本（その他資本剰余金）が減ります。自己株式の消却とは、自己株式をなくしてしまうことです。発行済株式数が減り、資本（その他資本剰余金）が減ります。資本（その他資本剰余金）がなければ利益（利益剰余金）が減ります。

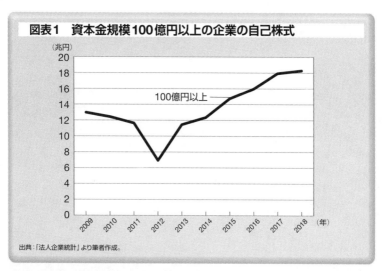

図表1　資本金規模100億円以上の企業の自己株式

(兆円)

出典：『法人企業統計』より筆者作成。

●資本金規模別企業の自己株式

　資本金規模別に、企業の自己株式の状況を見てみましょう。**図表1**は資本金規模100億円以上の企業の自己株式の推移です。2009年に13兆円ありましたが、2012年に7兆円と減少し、そののち増加し続け、2018年には18兆円に達します。2012年から9兆円増加しました。2018年の100億円以上の企業の会社数は5,026社と母数が最も少ないですが、額は桁違いに最も大きくなっています。

　図表2は、資本金100億円未満の企業の自己株式の推移です。資本金1億円以上の企業は増加傾向にあります。資本金10億～100億円の企業は2009年に6,250億円だったのに対し、2018年に1兆3,512億円と7,262億円増加しました。資本金5億～10億円の企業は2009年に7,529億円だったの対し、2018年は9,046億円と1,517億円増加しました。資本金1億～5億円の企業は2009年に1兆5,765億円だったのに対し、2018年に1兆7,399億円と1,634億円増加しました。資本金1億円未満の企業は約186万社ありますが、若干増えている程度で、ほぼ横ばいとなっています。

図表2　資本金規模別(100億円未満)の自己株式

(兆円)

1~5億円

10~100億円

1億円未満

5~10億円

出典：「法人企業統計」より筆者作成。

図表3　純資産に対する自己株式の割合

2018年	全体	1億円未満	1~5億円	5~10億円	10~100億円	100億円以上
純資産に対する自己株式の割合	3.0%	0.8%	1.1%	1.5%	1.4%	4.4%

出典：「法人企業統計」より筆者作成。

　図表3は、2018年度の純資産に対する自己株式の割合を資本金規模別の企業で算定したものです。資本金100億円以上の企業の割合が最も高く4.4%となっています。資本金が小さくなるとともに割合も低下しています。

　資本金規模100億円以上の企業の自己株式は急増しており、資本金規模1億円以上の企業の自己株式も増加傾向にあります。

●自己株式の使い道

　自己株式を多く取得する企業はどのように自己株式を利用しているのでしょうか。

　図表4の※1の欄を見ると、NTTドコモは2018年度に5,999億円の

図表4　NTTドコモの株主資本等変動計算書（2018年度）
　　　　一部抜粋（単位：百万円）

	資本剰余金	利益剰余金	自己株式
	資本準備金 （その他資本剰余金があ りません）	その他 利益剰余金	
当期首残高	292,385	4,212,510	△448,402
特別償却準備金の取崩		4	
剰余金の配当		△377,284	
当期純利益		680,080	
自己株式の取得　※1			△599,999
自己株式の消却　※2		△1,048,402	1,048,402
当期変動額合計	－	△745,601	448,402
当期末残高	292,385	3,466,908	△0

注：会計学上自己株式を保有していれば、マイナス（△）で表示されます。自己株式を手放せばプラスで表示されます。
出典：NTTドコモ「有価証券報告書」（2018年度）より筆者作成。

自己株式を取得していることがわかります。※**2**を見ると、すでに保有
していた自己株式4,484億円と合わせて1兆484億円の自己株式を、そ
の他利益剰余金を減少させることで、消却しています。自己株式の消
却は資本取引ですので、その他資本剰余金があれば、その他資本剰余
金の減少となります。その他資本剰余金がなかったので利益剰余金が
減少しているのです。もともと公共性の高い電信電話公社であった
NTTドコモですが、自己株式の消却を行うことで、利益剰余金を原資
とした1兆円を超える巨額な株主分配あるいは資本の払い戻しが行われ
ているのです。商法が厳格に規制していた資本の維持や充実の考えに
反した行為であり、資本取引と損益取引が混同し、資本剰余金と利益
剰余金を区別している意義が薄れています。一方で、自己株式を取得し、
消却すると、純資産と発行済株式数が減るので、ROEや1株当たり当
期利益などの投資家向けの指標が改善します。そして、株価の維持、
向上につながります。

　図表5の※**1**の欄を見ると、まずトヨタ自動車は、2018年に5,500億

図表5 トヨタ自動車の株主資本等変動計算書（2018年度）一部抜粋（単位：百万円）

	その他資本剰余金	利益剰余金	自己株式	株主資本
当期首残高	2,207	11,416,352	△2,063,061	10,646,223
剰余金の配当		△644,806		△644,806
当期純利益		1,896,824		1,896,824
自己株式の取得　※1			△550,083	△550,083
自己株式の処分　※2	△312		914	601
株主資本以外の当期変動額				
当期変動額合計	△312	1,252,017	△549,168	702,535
当期末残高	1,894	12,668,370	△2,612,230	11,348,759

出典：トヨタ自動車株式会社「2018年度有価証券報告書」より筆者作成。

円の自己株式を取得していることがわかります。※2の欄で自己株式の処分がわかります。取得原価9億円の自己株式を新株予約権の権利行使[1]により6億円で処分しています。そのため、資本剰余金が3億円減っています。トヨタ自動車は株式報酬制度があり、おそらく、ストック・オプションの権利が行使されたのでしょう。ストック・オプションの権利を行使した取締役は、割安な価格（権利行使価格）で株式を取得し、株価が高いときに市場で売却すれば、その差額を利益として得られます。そのうえ、自己株式を取得し消却すれば株価を維持、向上することができるのです。

●自己株式と株主還元

なぜ大企業は自社株買いを進めるのでしょうか。会社法では、配当だけでなく自己株式の取得についても「剰余金の分配」と位置付け、配当可能額の範囲内で行うことになっています。そのため、自己株式の取得は、株主への還元政策とされます。自己株式を取得し消却すれば、純資産や発行済株式数が減るので、ROEや1株当たり利益、株価収益率など、投資家が重視するような指標の改善や向上に貢献し、株価を

維持または向上させることができるのです[→**本章4**]。また、取得した自己株式は、株式譲渡、株式交換、ストック・オプションの行使による株式の交付などに利用でき、新株発行による株価下落（希薄化）を招かず、既存株主の利益を守ることができます。自己株式を取得し、処分や消却をすることは、株主へ大きな利益をもたらします。株主主権論[→**本章9**]のもとで自社株買いが進んでいるのです。

　内部留保も増加しています[→**第2章5**]。企業は、取得した自己株式を消却する場合、本来はその他資本剰余金を減額することで消却しますが、その他資本剰余金がない場合、内部留保（利益剰余金）を減額することで消却することになります。このように、自己株式を内部留保で消却する企業は多数存在します[2]。巨額な内部留保は自己株式の消却にも使われ、株主に分配されているのです。　　　　　　〈田中里美〉

1―トヨタ自動車株式会社「2018年度有価証券報告書」2【自己株式の取得等の状況】⑷取得
　自己株式の処理状況及び保有状況より。
2―松田真由美「第12章自己株式」小栗崇資・谷江武士・山口不二夫編著『内部留保の研究』
　307頁、唯学書房、2015年。

⑦ 株主価値経営に邁進する経営者

株主主権型企業統治改革が急速に進んできています。特に、経営者を株主利益に一致させるための、株主が経営者を取り締まる企業統治機関改革と、株式報酬比率を高める経営者報酬ガバナンスとが注目されています。経営者は、株価を引き上げる株主価値経営に邁進しています。しかし、経営者の高額報酬と短期主義経営が世界的な問題になっています。

●企業統治と株主価値経営

日本の企業統治(コーポレートガバナンス)は、バブル崩壊、特に銀行危機以降、企業集団内での株式相互持合いやメインバンクに基づく企業統治から、株式市場を中心とする株主主権型企業統治へ移行し始めました。安倍政権は、2012年以後アベノミクスで企業統治改革を行い、会社(内部留保等会社資産を含む)が株主(投資ファンド)のものであることを明示し、株主利益の最大化を企業目的とする企業統治を確立させ、経営者を「株主価値経営」に駆り立てていくシステムを構築しています。

安倍政権が理論的前提とするM・C・ジェンセン等のプリンシパル・エージェント理論は、経営者を株主利益に合致させる企業統治を強調します。そして、企業の低収益性の原因を株主による経営者への規律付け不足と考え、株主が経営者を取り締まる機能の強化および、経営者報酬と株価との連動を求めました。

●株主のための企業統治機関改革

日本大企業の「会社本位主義」は、株式の相互持合いのもとで社内出身経営者が取締役を兼務する「社内取締役」を基盤にしていました。今、株主のための執行(経営者)と監督(取締役会)の機能を分離する企業統治

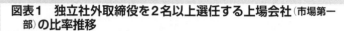

図表1　独立社外取締役を2名以上選任する上場会社（市場第一部）の比率推移

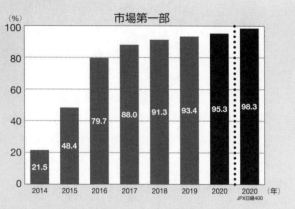

市場第一部

年	比率(%)
2014	21.5
2015	48.4
2016	79.7
2017	88.0
2018	91.3
2019	93.4
2020	95.3
2020 JPX日経400	98.3

注：JPX日経400は、2014年から公表された、株主資本利益率（ROE）等の指標で投資家に魅力の高い400社からなる株価指数。
出典：東京証券取引所「東証上場会社における独立社外取締役の選任状況及び指名委員会・報酬委員会の設置状況」2019年8月。

機関改革が進んでいます。2003年「改正商法特例法」は、過半数が社外取締役で構成される、指名、報酬、監査の3委員会の設置が法的義務となる「委員会設置会社」を導入しました。しかし、それが普及しないため、2015年改正「会社法」で、監査委員会の過半数が社外取締役の「監査等委員会設置会社」（2019年東証一部26.8％）、「指名委員会等設置会社」（従来の委員会設置会社：同上2.9％）、監査役会の過半数が社外監査役の「監査役会設置会社」（同上70.3％）の三つの統治機関からの選択にしました。

　2014年「会社法」は、社内出身者でない「社外取締役」を1名以上とし、2015年「コーポレートガバナンス・コード」は一般株主との利益相反がない「独立社外取締役」を「2名以上選任すべき」としました。**図表1**のように、東証一部では、独立社外取締役を2名以上選任する上場会社の比率は2015年以後急増し、2020年には95.3％に至り、独立社外取締役を3分の1以上選任する上場会社（東証一部）の比率も2015年12.2％から2020年58.76％に増加しています。

さらに「コード」は、「指名委員会等設置会社」以外に、取締役会のもとに独立社外取締役を主要な構成員とする「任意」の指名・報酬委員会の設置を促しました。2020年で指名委員会を設置している上場会社の比率は、東証一部58.0%、JPX日経400で82.6%。報酬委員会を設置している上場会社の比率は、東証一部61.0%、JPX日経400で84.6%。指名・報酬委員会はともに急増し、社外取締役が委員会の過半数を超えている比率が、任意でも東証一部、JPX日経400ともに約7割になっています。「取締役会の機能の独立性・客観性」の名のもとに、経営者を株主利益に一致させる日本的な企業統治の仕組みが急速に浸透してきています。

●アメリカの独立社外取締役制度

　アメリカでは、2001年エンロン不正会計事件等の企業不祥事続発後、ニューヨーク証券取引所の上場規則改正や企業改革法（サーベンス・オクスリー法／SOX法）によって、取締役会を経営者への監督機関とするために、独立社外取締役を過半数以上とし、経営者報酬・指名委員会がもっぱら独立社外取締役のみで構成されるべきとしました。しかし、独立社外取締役制度は、企業不祥事への対応策というより、経営者が訴訟されないために広がったといわれています。さらに、機関投資家の影響力をさらに拡大させ、短期主義的経営を強めたとの批判が広がっています。

●日本における経営者報酬ガバナンスと株式報酬

　株主のための企業統治改革として、株価や業績と連動させる「経営者報酬ガバナンス」が強調されています。「日本再興戦略改訂2015」やコーポレートガバナンス・コードは、金銭から株式報酬へ、定額から業績連動報酬への移行を強調しました。ウイリス・タワーズワトソン『2017年度 日米欧CEO報酬比較』（売上高等1兆円以上企業）は、固定現金給与の「基本報酬」、業績連動賞与「年次インセンティブ」、株式報酬「中長期インセンティブ」が、アメリカでは10%、19%、71%、日本では48%、

31%、21％と紹介しました。

　さらに、日本取締役協会は、「株主・経営者の双方にとってWin-Win関係を目指す」経営者報酬ガバナンスのために、基本報酬(定額報酬)：年次インセンティブ(業績連動報酬)：長期インセンティブ(株式報酬)を、短期的(2～3年以内)には基本報酬の現行水準を維持し、「1：1：1程度の比率を、中長期的(10年後)には、1：2～3：2～3程度の比率を目指」すべきとし、自社株経営者報酬拡大によって、経営者を自社の株価上昇に駆り立てることを求めています(日本取締役協会『経営者報酬ガイドライン(第3版)と法規制・税制改正の要望』2013年)。経済産業省『「攻めの経営」を促す役員報酬——新たな株式報酬の導入等の手引』(2019年度版)は、すでに税制改正において利益連動給与の対象にROE等の指標を追加し、株式報酬も損金算入の対象にしたとし、わが国企業がローリスク・ローリターンの経営から脱却し、「稼ぐ力」を向上させるために、経営者に株価引き上げのための「中長期の企業価値」向上のインセンティブを付与する株式報酬を拡大すべきとしています。結果、報酬額1億円以上の役員数は、有価証券報告書記載が義務付けられた2010年166社289人から2019年280社570人へと増加しました。

●欧米における株式報酬と格差拡大

　欧米では、リーマンショック後、経営者の報酬体系が、経営者への異常な巨額報酬による極端な格差拡大、経営者の株価維持・引き上げのための四半期の短期的利益重視を促す仕組みとなっているとの批判が大きくなっています。特に、**図表2**に見るように、CEO(最高経営責任者)報酬と労働者の格差は、1965年20倍以下から2000年代には300倍前後に拡大しています。しかも、ストック・オプションや株式報酬等での付与金額とその後の売却額との差は含まれておらず、実際には500～1,000倍ともいわれています。その結果、経営者は株価引き上げ・維持に駆り立てられるのです。

　経営者報酬を株主総会決議の対象にする「Say on Pay」をイギリス、

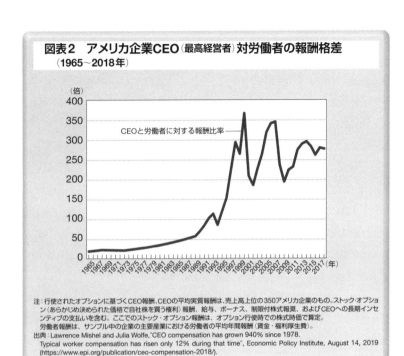

図表2　アメリカ企業CEO（最高経営者）対労働者の報酬格差
（1965〜2018年）

注：行使されたオプションに基づくCEO報酬。CEOの平均実質報酬は、売上高上位の350アメリカ企業のもの。ストック・オプション（あらかじめ決められた価格で自社株を買う権利）報酬、給与、ボーナス、制限付株式報奨、およびCEOへの長期インセンティブの支払いを含む。ここでのストック・オプション報酬は、オプション行使時での株式時価で算定。
労働者報酬は、サンプル中の企業の主要産業における労働者の平均年間報酬（賃金・福利厚生費）。
出典：Lawrence Mishel and Julia Wolfe,"CEO compensation has grown 940% since 1978. Typical worker compensation has risen only 12% during that time", Economic Policy Institute, August 14, 2019 (https://www.epi.org/publication/ceo-compensation-2018/).

アメリカで、経営者報酬と従業員の賃金格差の情報公開「Pay Ratio」をアメリカで導入しました。日本の経営者報酬改革は、株価至上主義と格差拡大の経営を反省すべきという世界的流れに逆行するものです。

●短期主義（short-termism）

　世界で、投資家による経営者への管理手法としての四半期情報開示が、企業経営を短期主義的視野に誘導し、長期的経営を破壊しているとの指摘が強くなっています。日本では、アメリカで1970年から始まった四半期情報開示の義務化が、1999年マザーズ市場以後、2003年以降東京証券取引所全体で段階的に、2008年金融商品取引法制定で法制化されました。

　NPOのFCLT（Focusing Capital on the Long Term）Globalの2016年報告書（Rising to the challenge of short-termism）は、2年以内の財務実績を残すこ

とに最も圧力を感じる経営者は87%、過去5年間で短期的圧力が高まった経営者は北米65%、中国・インド・中南米の途上国82%、さらに短期主義的企業文化の経営者(66%)が、四半期の利益目標を達成できない場合、R&Dや広告等の経営者の判断で使う裁量費を削減71%(長期主義45%)、将来価値を創成する新しいプロジェクトの開始を遅らせる55%(33%)と報告してます。長期の資本回収が必要となる設備投資や研究・市場・新事業開発投資を抑制・削減され、短期の株価引き上げのための自社株買いが急増しています。四半期業績予想の廃止の提案もされています。

●短期主義と格差拡大の克服、ステークホルダー型企業統治

海外では、四半期開示制度の見直しが始まっています。四半期業績予想廃止が、全米商工会議所の報告書で提案されています。2012年にイギリスKay Reviewで義務的四半期報告の撤廃が提案され、2014年イギリス、翌年フランスで廃止しました。しかし、任意継続は依然高いです。

2006年に当時のコフィー・アナン国連事務総長は、機関投資家による企業統治が、企業に短期的な利益追求を求め、社会や環境を破壊していると警告しました。そして、国連責任投資原則(Principles for Responsible Investment：PRI)を提案し、機関投資家に企業を長期主義的に統治するESG(環境=Environment、社会=Social、企業統治=Governance)投資を求めました。イギリスでも、機関投資家の投資先企業への長期的価値向上のためのエンゲージメントや取締役会に従業員の声を反映する仕組みを求めています。

さらに、少数派も含めた多様なステークホルダー(利害関係者)からの企業統治も求められています。株価のために短期的に行動する経営者のあり方を転換し、誰のためにいかなる企業統治を構築するかが社会的課題になっています。　　　　　　　　　　　　　　　　　　〈國島弘行〉

会社法の変化から見えてくること

1990年代以降の商法では、①ガバナンス、②分配規制、③組織再編の3点において大きな改正が行われ、2005年には会社法が制定されました。しかしこれらの改正は、株主重視の経営を促進させ、株主への富の分配を増加させるといった法律上の基礎を作り、会社の活動を株主利益の最大化へと向かわせるものであるといえます。

●会社法とは？

会社法とはその名のとおり、会社の活動についての一般的な法律であり、会社の設立から解散までが定められています。こうした規定は従来、商法という法律の一部分でしたが、2005年に会社に関する規定を独立させ、会社法が成立しました。会社法の条文の構成は**図表1**のようになります。

旧商法において、1990年代の前半からこれまでの枠組みを大きく変えるような改正が相次いで行われ、2005年の会社法の成立で一段落となりました［→**図表2**］。

社会のIT化に伴い、帳簿や株券の電子化も行われましたが、一連の改正の主たる目的は、会社の活動を株主利益の最大化へと向かわせるものであるといえます。具体的には①ガバナンス、②分配規制、③組織再編の3点において、大きな改正が行われ、株主重視の経営を促進し、株主への富の分配を増加させる法律上の基礎が作られました。以下この3点について見ていきましょう。

●ガバナンス

会社には様々な機関が設置され、株主総会、取締役（会）、監査役（会）

図表1　会社法の構成

第1編	総則 (1-24条)
第2編	株式会社 (25-574条)
第3編	持分会社 (575-675条)
第4編	社債 (676-742条)
第5編	組織変更、合併、会社分割、株式交換及び株式移転 (743-816条)
第6編	外国会社 (817-823条)
第7編	雑則 (824-959条)
第8編	罰則 (960-979条)

図表2　1990年代～2014年までの主な改正

1994年	自己株式取得の規制緩和（取得目的についての規制緩和）
1997年	ストック・オプション制度の導入
1999年	株式交換・株式移転制度の導入
2000年	会社分割制度の導入
2001年	金庫株の解禁（自己株式の取得目的規制や処分義務の撤廃）、法定準備金の規制緩和
2002年	委員会設置会社制度の導入
2006年	会社法成立
2014年	監査等委員会設置会社制度の導入

などがあります。こうした機関が設けられているのは、経営者の不正
や放漫な経営を防ぎ、日頃経営に関わることがない株主の利益を保護
するとともに、会社の健全な発展によって多くの利害関係者、社会全
体の利益を守るためです。

　こうした機関のうち、監査役は会社の会計や業務のチェック（監査）を
行います。大規模な企業不祥事のたびに機関についての法改正が話題
になりますが、従来では監査役の機能をいかに強化するかが議論の中
心となってきました。

　1965年に山陽特殊製鋼という上場会社が粉飾決算を続けた末、倒産
する大事件がありました。その後も大企業の不祥事は相次ぎ、1970年
代には企業の社会的責任を果たさせるため、商法改正についての機運

が高まりました。機関については、監査役の権限の強化とともに、上場会社だけでなくすべての会社に外部監査（公認会計士の監査）を強制するなど議論がなされました。実業界からの反対が強く全面的に実現はしませんでしたが、1974年の改正で監査役への業務監査権限の付与や任期の延長が行われるとともに、大会社に限り、外部の公認会計士・監査法人（商法上、会計監査人という機関）による会計監査が義務付けられました。

　その後も独立性の強化（1981年）、監査役会制度や社外監査役の導入（1993年）、社外監査役の必要定員数の増加（2001年）といった改正が行われてきました。しかし企業の不祥事は続き、また国内外の機関投資家からもガバナンス強化への要求が高まりました。

　ここで大きく改正されることになったのが、機関のうちの取締役会です。日本では従来、取締役会は経営トップ（代表取締役）のもと、経営にあたる機関として機能してきました。一方アメリカでは、企業不祥事の多発を受け1970年代より経営者の暴走にブレーキをかけ株主の利益を守るため、取締役会を経営の執行から分離し、経営者をモニタリングする監督機関とする改革が進められてきました。それを模倣する形で日本でも、2000年代より同様の改革が行われていきました。

　2002年の改正で委員会設置会社（現、指名委員会等設置会社）制度が導入されました。これは業務執行機関と監督機関を執行役と取締役会とに分離すること、同時に社外取締役を置き外部からの監督を強めることが目的です。さらに、モニタリング機能を指名委員会、監査委員会、報酬委員会に細分化することで一層の監督の強化が図られています。

　各委員会は3人以上の取締役で構成され、その過半数は必ず社外取締役でなくてはなりません。例えば、原子力事業関連の不祥事が発覚した関西電力では、ガバナンス改革の一環として2020年6月に監査役会設置会社から指名委員会等設置会社へと移行しました［→**図表3**］。

　もっとも、原子力事業のM&Aの失敗により巨額の損失を抱え2015

図表3　関西電力のガバナンス機関の構成の変化

変更前		変更後	
取締役会	13人 (うち4人が社外)	取締役会	13人 (うち7人が社外)
代表取締役	7人	指名委員	4人 (うち3人は報酬委員を兼任)
		報酬委員会	4人 (いずれも他の委員を兼任)
監査役会	7人 (うち4人は社外)	監査委員会	5人 (うち1人は報酬委員を兼任)
		委員に所属しない取締役	3人 (いずれも執行役を兼任)
		執行役	14人
		代表執行	4人 (うち3人は取締役を兼任)

出典：関西電力「有価証券報告書」より作成。

年に不正会計が発覚した東芝が指名委員会等設置会社であったように、不正の防止に対して万能であるわけではありません。

　なお、2009年から東京証券取引所の上場規制で、上場会社については委員会設置会社でなくても、最低1名は独立した社外の取締役・監査役を確保することが義務付けられました。さらに2015年に政府の成長戦略の一環として制定されたコーポレートガバナンス・コードでも、上場会社は独立社外取締役を2名以上選任すべきとしています（原則4-8）。制定前の2013年6月から2020年6月にかけて、上場企業（3月決算）の社外取締役は約5,400人と3倍に増加しています（『日本経済新聞』2020年9月11日）。また東証一部上場企業の6割で、取締役会の3分1以上を社外の取締役が占めています（『日本経済新聞』2021年3月10日）。

　2014年に監査役会設置会社と指名委員会等設置会社の中間的な形態である監査等委員会設置会社というタイプの会社が創設されました。指名委員会等設置会社については、社外の取締役が過半数を占める委員会が取締役の選任・解任の議案を決定することに対する経営陣の反発等があり、普及には至りませんでした。また監査役会設置会社では、監査役会に2人以上の社外監査役を置くため、それに加えて社外取締役を設置することを負担に感じる企業が多いということも懸念されてい

ました。

監査等委員会設置会社では、監査役会を置かず取締役会のなかに、過半数が社外取締役で構成される監査等委員会を設置します。この点は指名委員会等設置会社と類似していますが、監査等委員会の役割は、取締役の職務執行の監査、監査報告の作成などであり、取締役会の選任・解任といった権限はありません。監査役会設置会社から監査等委員会設置会社に移行した場合、従来の2名の社外監査役を、監査等委員会の社外取締役にすることで、コーポレートガバナンス・コードの要件を満たすことができます。現在では上場会社の約3割がこの機関を設置しています。

●配当規制と自己株式

株式会社では株主は有限責任であるため、債権者をはじめ様々な利害関係者にとっては、会社の財産が一定額、会社内部に維持されていることが重要になります。そのため、旧商法は戦後、株主となるものは確実に会社にお金を払い込まなければならず、株主が払い込んだお金である資本（資本金・資本準備金）にあたる金額を会社内に留保させる規制を定めてきました。会社が株主から株式を買い戻せば、実質的な出資の払い戻しとなりますが、こうした自己株式の取得についても原則禁止とされてきました。

1989年のバブル経済の崩壊により、株価が大暴落しました。その対策として、自己株式の取得の解禁が注目されました。企業が自己株式を取得すれば、市場での株式の流通量が減るので、株価を引き上げることができると考えられたのです。

1994年の改正より、段階的に規制緩和が進み、2001年には取得目的の規制は撤廃され、一定の金額内であれば、目的を問わず自己株式を取得できるようになりました。また、この改正の前には自己株式は一定の期間で処分しなければならないとされていましたが、この処分義務も撤廃されました。これによりいわゆる金庫株が解禁され、自己株式

の保有数は増加傾向にあります。

同じく2001年の商法改正で、資本準備金が一定の要件を満たせば、配当原資に加えることが可能となりました。資本準備金とは、資本金と同じく株式発行の際に株主より払い込まれた金額です。これまで資本準備金から配当ができなかった理由は、会社に資本を留保させることで債権者の保護を図ること、また利益を源泉とする内部留保（利益剰余金）と異なり、株主からの払い込み資本なので、配当することは資本の払い戻しになるからです。

この改正も分配規制の緩和といえます。これまで配当できなかったものが配当可能となり、資金が社外流出しやすくなったのです。実際、リーマンショック後の2009年には、赤字が大きく、利益の内部留保である利益剰余金がマイナスとなった企業のなかには、この資本準備金の取り崩しを利用して、株主への配当を実施したものがありました（『日本経済新聞』2009年6月4日）。

●組織再編の規制緩和

組織再編についての規制緩和も日本企業のあり方を大きく変えてきました。組織再編とは法人である会社同士でくっついたり（合併）、もともと会社の一部門であったものを切り離したり（会社分割）することで会社の組織形態を変えることです。

1990年代の後半から実業界は商法における組織再編の規制緩和を求めてきました。その最大の目的は「純粋持株会社（ホールディングスカンパニー）」の設立を可能とさせることです。

純粋持株会社とは、自らは製造や販売などの事業活動を行わず、子会社の株式を所有し、そのマネジメントをもっぱら行う会社です。第二次世界大戦の敗戦後、GHQのもと経済の民主化が進められましたが、その際独占禁止法が制定され、純粋持株会社の設立が禁止されました。三井や三菱などごく一握りの財閥家族が純粋持株会社である「本社」の株式を専有し、その財閥本社は広範な産業における大企業を子会

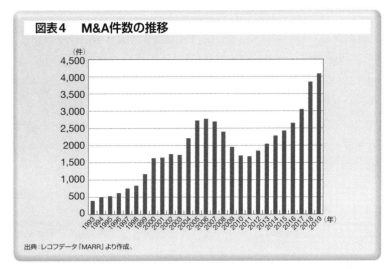

図表4　M&A件数の推移

出典：レコフデータ『MARR』より作成。

社としてコントロールすることで、日本の政治経済を支配し、戦争を推進していた、ということがGHQの認識でした。

　1990年代の不況のなか経営者団体は、持株会社を中心に、そこに多数の子会社が従属し、合併・買収を進め事業を多角化させ、不採算な部門は会社分割により本社から切り離して別会社にするといったことを目指しました。

　経済界からの要望により、1997年に独占禁止法は改正され、純粋持株会社の設立が解禁されました。

　商法の組織再編に関する規定では、現金等の対価ではなく自社の株式を用いて買収と完全子会社化ができる株式交換・移転、新設分割・吸収分割による会社分割、国をまたいだ合併が可能となる三角合併など、2006年の会社法の成立まで続々と規制緩和がなされてきました。

　組織再編の規制緩和は純粋持株会社の設立のみならず、日本企業のM&Aを加速させました［→**図表4**］。

　近年の日本の大企業は、国をまたいだ大規模な企業買収を行いグローバルな企業グループを形成しています。同時に、異なる企業間で同

種の事業部門を分離・統合させシェアを拡大する、あるいは不採算部門を本社から切り離しリストラクチャリングを促進する、といったことが強力に進められています。 〈**吉沢壮二朗・寺澤智広**〉

［**参考文献**］
伊藤真［2019］『伊藤真の会社法入門――講義再現版』日本評論社。
上村達夫［2002］『会社法改革――公開株式会社法の構想』岩波書店。
神田秀樹［2015］『新版　会社法入門』岩波書店。
徳住堅治［2016］『労働法実務解説(9)　企業組織再編と労働契約』旬報社。
森田章［2014］『日本の資本主義と会社法――グローバルな基準への提言』中央経済社。

⑨ 会社は 誰のものか

「会社は誰のもの」は古くて新しい議論です。日本的経営において
は、会社は社会のもの、という考え方があり、従業員や顧客
を大切にする経営が行われてきました。一方アメリカでは株主
が重視されており、日本においてもこの株主価値極大化経営が
浸透してきましたが、日本的経営は、近年マルチステークホル
ダー経営として再度注目されています。

●**株主主権論とは何か**──日本的経営の変遷

　会社とは誰のものでしょうか。この数年間で広まったのは、会社は「株
主のものだ」という考え方です。この考え方のことを「株主主権論」と呼
びます。

　その一方で日本には、古くから会社は「お客様、地域社会、株主様、
皆様のもの」という考え方がありました。例えば、経営の神様といわれ
ている松下電器産業の創業者、松下幸之助は、「企業は国民全体の共有
財産であり、共有の事業である。それを便宜的に自分たちが預かって
経営をしているのだから、大事にしなくてはならない。企業が発展す
ることによって国民の福祉が増進するのであるから」と述べています。
ここには、現在の日本の経営者が見習うべき点が数多くあります。

　株主は有限責任の一利害関係者です。経営において損失が出れば、
労働者、経営者とともに株主はその責任を負担し、無配を受け入れて
きました。納得しない株主は売却すればよいのです。労働者は終身雇
用制度と年功序列賃金のもとで、安定した環境で働くことができまし
た。こうした制度や考え方を日本的経営といいます。

●アメリカで台頭した株主主権論とエージェンシー理論

アメリカでは1920年代当時、株式が広く分散したため株主の影響力が弱まり、経営者が所有に基づかなくとも企業の支配株を握るようになりました。

ここでは、株主の意向にそぐわない行動をとる経営者の牽制役として個人株主が位置付けられました。個人は、「公共の利益を追求する市民」として考えられ、成熟した市民社会、労働組合、監督官庁が企業を牽制するという構図がアメリカ型企業ガバナンスのもともとの型といえます。

しかし、わが国がお手本としたアメリカの株主主権論はこれとは大きく異なっています。この背景には、1970年代の機関投資家の持株比率の上昇とともに、個人が後退していったことがあります。1980年代の株式バブル時期以降に台頭した新たな「株主主権論」は市民社会による企業のコントロールという概念からほど遠く、企業の使命は「株主＝機関投資家の利益を最大化することである」というものです。この理論を支えるのがエージェンシー理論です。

この理論では、株主と経営者の関係をエージェンシー関係ととらえます。権限を委譲する依頼側をプリンシパル、権限執行を任されて代理を受ける側はエージェントと呼ばれます。エージェンシー理論をもとにして、資金が最大の収益を生むことに最大の関心と利害を持つのは株主であり、株主が資源配分を最も的確に行うことができ、株式価値を最大化することが使命である、と考えられるようになりました。株主価値極大化論の主張は**図表1**のようにまとめられます。

しかし、この主張は他のステークホルダーのリスク負担を軽視するものです。民間企業に資金を貸し付ける債権者、またそれらを支援するために公的資金を提供する納税者、そして生産力向上の原動力となる努力を積み重ねる労働者は、株主の権利と程度に企業の超過利潤を要求する権利があるといえます。

①経営者は株主の価値を最大化するために存在する"雇われ人"にすぎないのだから、そこで上げた利益は株主のもの。

②株主は残余財産の分配請求権を有するゆえ、企業のリスクを負担する者として他のステークホルダーとは異なる特別な存在である。

③儲かる保証のない事業に投資をするリスク負担をするのだから、フリーキャッシュフローは株主に渡すべきである。

●日本における株主主権論の広まり

　このように、日本的経営における企業観とエージェンシー理論に基づいたアメリカ流の経営とには大きな違いがあることがわかります。松下幸之助がいうように、日本的経営においては国民財産としての企業を預かっているのが経営者と考えられていたのに対して、アメリカでは株主の価値を最大化にするために雇われている経営者と考えられています。

　さらに、今日の日本企業の株主リストの上位を見ると、ほとんどがファンドです。ファンドとは、個人や年金の資産運用を行っている組織であり、他人の財産を運用する"雇われ人"です。資産運用を行っているファンドマネージャーは四半期ごと、もしくはもっと短い期間で運用成績を評価され、運用パフォーマンスを競っています。このようなファンドが株主として主流の場合、投資先企業を長期的な視点でチェックすることやサポートするということは期待できません。

　日本で株主主権論が広まったのには、グローバルに展開するマネーが世界の金融市場の開放を求めてきたこと、これにより、わが国年金基金が外資系運用機関に委託されたこと、わが国会社法が株主の立場の強化を行ってきたこと、などにより機関投資家が企業に対する影響力を行使するようになったことが背景にあります。企業経営者は、労働者や地域、社会ではなく、機関投資家の方を向いて経営を行うようになりました。そのことは配当や自社株買いの増加に表れています。ま

た、経営者自身もストック・オプションを取得することで、株価の上昇による恩恵を直接得るようになり、経営者と投資家の利益が一致してきたのです。

●会社はステークホルダーのために経営されるべき

このような株主主権論に対して、従業員、消費者、取引先などの多様なステークホルダーを重視した経営を求める気運が高まっています。

2019年にアメリカの経営者団体、ビジネスラウンドテーブルは、企業経営の目的を株主価値極大化からマルチステークホルダー重視に大転換しました。これには、「潜在的なアクティビストのからの圧力に屈して、事業売却や株主還元を行い、株主価値を高める企業が多い」との批判が高まってきたためです。また、欧州では、リーマンショックを契機として、機関投資家が短期的リターンを求めるあまりに、会社のガバナンスやパフォーマンスを不適切な方向に導くとして、役員報酬を中長期のパフォーマンスに連動させることなど、マルチステークホルダー・ガバナンスを進める必要性が近年強調されています。フランス、イタリア、ベルギーなどでは複数議決権などの長期保有株主優遇制度（例えば2年以上保有する株主には2倍の議決権を与える）が導入されています。このように近年、行きすぎた株主主権論、株主価値極大化経営に代わり、ステークホルダー重視の経営が見直されています。企業は様々なステークホルダーで成り立っており、株主だけが特別に重要であるという考え方は見直されつつあります。

私たちは日本的経営における経営者の使命感、理念、「国民の福祉を増大するための経営」に今一度立ち返ってみる必要があるのではないでしょうか。　　　　　　　　　　　　　　　　　　　　〈三和裕美子〉

[参考文献]
ウィリアム・ラゾニック[2015]「欺瞞だらけの自社株買い」『DIAMONDハーバード・ビジネス・レビュー』（2015年2月号）ダイヤモンド社。
手島直樹[2015]『ROEが奪う競争力――「ファイナンス理論」の誤解が経営を壊す』日本経済新聞出版社。

第2章

企業が生み出す
富と社会

◉企業は、モノやサービスといった商品を生み出します。企業の経営者は、喜ばれる商品を提供する、売上を上げることで、企業が発展できるよう努力しています。企業で働く労働者は、同時に消費者として、良い商品、良いサービスを購入することで、暮らしを豊かにしたいと考えます。そのためには、労働の価値に見合った賃金を受け取る必要があります。

◉企業も、経営者も労働者も、税金を支払います。それは、国民一人ひとりが平和で幸せに暮らすためのコストです。病気や災害、子育て、介護、人生で遭遇する多くの困難を、個人が解決していくことはできません。こうした社会に必要なコストをどのように負担するのがいいのか、重要な問題です。

◉企業が生み出した富（価値）がどのように回りまわっているのかを見てみましょう。社会全体から見たときに、企業利益の増大と国民生活を守ることとが対立しているように見えることが多くあります。どうすれば人々の生活を豊かにしながら企業も発展できるのか、政府の役割は何か、を考えます。

① わが国の企業構造

日本企業を数で見ると、中小企業数が99.7%を占めており、大企業はごくわずかであることがわかります。雇用されている従業員数になると7割弱、売上高になると半分弱が中小企業です。中小企業の安定的な発展にとって重要なことは、法定労働時間の短縮、最低賃金の上昇、社会保険制度の全加入の実現です。

●企業の規模別構造──企業の99.7%を占める中小企業

　まず、総務省「経済センサス」(2016年)で日本企業の全体像を規模別に見ていきましょう。

　全国の企業総数(会社数と個人事業者数の合計)は358.9万社あります。そのうち大企業は1.1万社(全企業数の0.3%)、中小企業は357.8万社(同99.7%)です。中小企業のうち小規模企業が304.8万社(同84.9%)です。全企業数のうち大企業の割合はわずかです。だから日本経済の中核的担い手は中小企業だといえます。

　企業総数のうち、個人事業者を除いた会社(法人)数は161.0万社で、全体の44.9%です。企業のうち大企業は1.1万社(全会社数の0.7%)、中小企業が159.9万社(同じく99.3%)です。なお、中小企業のうち小規模企業が118.7万社(同じく73.7%)であり、企業数と似た構成です。

　個人事業者総数は197.9万社で会社数を超えます。個人事業者のうち、大企業はわずか279社です。残る個人事業は100%中小企業で、このうち186.2万社(全個人事業者の94.1%)が小規模企業です。個人事業者は卸売・小売業、宿泊業・飲食サービスなど、生業(なりわい)業種が中心です。また建設業や製造業など、ものづくり部門では基盤技術、重

要部品生産を担う多くの企業があります。

　日本の企業構造の特徴は、事業資金の調達を必要としない中小企業であっても、多くが会社形態をとっていることです。その理由は、企業間取引、雇用・労働の確保、税制などに利点があるためです。

●雇用の規模別構成——常用雇用を維持する小規模企業

　雇用においてもその比重は中小企業にあります。

　同じく「経済センサス」(2016年)によれば、従業者総数は4,679.0万人です。このうち大企業従業者数は1,458.9万人（従業者総数の31.2%）、中小企業従業者は3,202.1万人（同じく68.8%）、このうち小規模企業の従業者数は1,043.7万人（同じく22.3%）を占めます。雇用の面で見てもその中心は中小企業だといえます。

　安定的雇用者が含まれる常用雇用者（正規雇用より範囲が広い）は、総数で4,023.3万人（全従業者数の86.0%）です。その内訳は大企業が35.8%、中小企業が64.2%です。中小企業のうち小規模企業は35.8%です。小規模企業の常用雇用者比率は従業員比率(22.3%)より高く、小規模企業は常用雇用維持の機能を担っています。

●売上高、付加価値の規模別構成——下請け構造のなかの中小企業

　企業活動規模は売上高が一つの指標になります。「経済センサス」(2015年)によると、総売上高は1,427.6兆円です。このうち大企業は798.6兆円（売上高総額の55.9%）と過半を超えます。残る中小企業の売上高は629.0兆円（同じく44.1%）で半分弱です。このうち小規模企業の売上高は135.9兆円（同じく9.5%）で1割を切ります。

　付加価値でも同じ傾向が見られます。付加価値総額は255.6兆円ですが、このうち大企業の付加価値額が120.5兆円（全体の47.1%）と約半分を占めます。中小企業が135.1兆円（同じく52.9%）、中小企業のうち小規模企業の付加価値額は35.7兆円(14.0%)です。

　企業総数、従業者総数に占める中小企業の比重は、企業活動規模ではその量的存在に見合う規模にはなっていません。これを中小企業が

非効率な経済組織の証しだとする前に、大企業と中小企業の力関係を考慮しなければなりません。

　中小企業の多くは大企業の下請けとして、大企業が必要とする製品・サービスを生産し、供給しています。下請け取引ではほとんどの場合、大企業が優位に立つ存在であるために、価格が公正、適正に設定されません。

　下請け取引での不公正な価格形成、そのもとで中小企業経営が低賃金、低付加価値、低生産性だと見られることを認識しなければなりません。

●日本経済の発展と企業経営における労働条件改善の関係

　図表1に示したとおり、企業数の99.7％、従業者数の68.4％、売上高の44.1％、付加価値額の52.9％を占める中小企業は日本経済の発展にとって欠かせない存在です。中小企業の提供する、大・中小企業への機材・部材の相互需給、建設業の専門工事分野、運輸・保管、対事業所サービスなどの多種・多彩な機能は、日本経済に欠かせない基盤であり、地域経済社会の中核なのです。

　中小企業は一見すると、低生産性、低賃金、さらに社会保険加入もままならないという経営課題を抱えています。この問題は中小企業基本法、小規模企業基本法などの法的振興方策では解消されません。それはこれらの政策が、企業経営の支援、しかも主として制度金融だけという狭い機能に制限されているからです。

　真の課題は、中小企業において、法定労働時間の短縮（年間約1,800時間）、全国一律の最低賃金制の実現と最賃水準の50％近い上昇、社会保険制度の全加入の実現です。これらによって従業員の暮らし、ひいては国民生活の基盤が安定的なものになり、中小企業経営を質的に向上させる契機になります。市場機構の基本的改善には大企業と中小企業との下請け取引、公共調達市場における業務委託関係など、広く企業間取引の改善が不可欠です。労働条件の改善と中小企業経営の体系的改善、

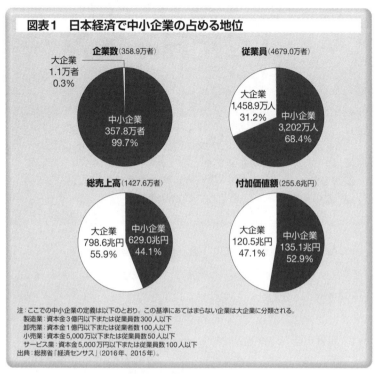

図表1　日本経済で中小企業の占める地位

企業数(358.9万者)

大企業
1.1万者
0.3%

中小企業
357.8万者
99.7%

従業員(4679.0万者)

大企業
1,458.9万人
31.2%

中小企業
3,202万人
68.4%

総売上高(1427.6万者)

大企業
798.6兆円
55.9%

中小企業
629.0兆円
44.1%

付加価値額(255.6兆円)

大企業
120.5兆円
47.1%

中小企業
135.1兆円
52.9%

注：ここでの中小企業の定義は以下のとおり。この基準にあてはまらない企業は大企業に分類される。
　製造業：資本金3億円以下または従業員数300人以下
　卸売業：資本金1億円以下または従業者数100人以下
　小売業：資本金5,000万円以下または従業員数50人以下
　サービス業：資本金5,000万円以下または従業員数100人以下
出典：総務省「経済センサス」(2016年、2015年)。

この両面の改善が欠かせません。

●ポスト・コロナの企業経営

　新型コロナウィルス感染症による経済危機は、企業経営、特に中小企業経営を危機に追い込んでいます。賃金抑制策で消費抑制を強いられ、そのうえ安倍政権下の二度目の消費増税で景気を悪化させ、そこにコロナ感染症危機が襲いました。大きなダメージです。GoToトラベルのような安易な国内需要の刺激政策ではなく、消費不況時にこそ賃金引き上げや関係する社会政策の強化が必要です。　　　　　〈永山利和〉

② 儲ける力を向上させた日本企業

戦後日本の高度成長は、二度の石油ショック（1973年、1979年）によって減速しました。バブルの崩壊（1991年）以降、「失われた10年」を経て、GDPの増大しない国になりました。2008年には、グローバルな金融危機となったリーマンショックが起こりました。その後、個々のデータを見ると急激に収益力、「儲ける力」を強くしていることがわかります。

●収益性＝総資本経常利益率は上昇、原因は利幅の拡大

リーマンショック以降の10年間に、日本の企業は儲ける力（収益性）を上昇させてきました。収益性は、投下した資本全体に対して、獲得することができた利益です。総資本経常利益率で示されます。総資本とは、貸借対照表の資産合計であり、負債・純資産合計のことです。

総資本経常利益率（%）＝経常利益÷総資本×100

総資本経常利益率は、総資本（＝総資産）を分母にしているので、ROA（Return on Asset）と呼ばれます。総資本経常利益率は、売上高経常利益率と総資本回転率とに分解することができます。

総資本経常利益率（%）＝売上高経常利益率×総資本回転率×100

投下資本の収益性は、利幅の大きさと回転の速さ・遅さによって、決まってくることがわかります。**図表1**を見てみましょう。「法人企業統計」によれば、集計されている全法人の総資本経常利益率は、2008

図表1　収益性の分解と推移

	2008年度	2018年度
総資本経常利益率	2.5%	4.7%
売上高経常利益率	2.4%	5.5%
総資本回転率（回）	1.08	0.87

年度の2.5%から、2018年度の4.7%に改善されています。リーマンショック後の10年間に、急速に収益性を高めてきました。

　原因を見ると、売上高経常利益率は2.4%から5.5%に上昇しましたが、総資本回転率は1.08回転から0.87回転に低下しました。つまり日本の企業は、利幅を増やしていることが収益性を高めた要因であり、他方、資本の回転は鈍化しています。つまり売上増につながらない資産、特に金融資産への投資が増えているのです。

●売上増を上回る利益の伸び

　図表2を見てみましょう。2018年度の集計法人企業数は、281万5,711社、売上高は、1,535兆2,114億円です。売上高は、市場規模を示しているということができます。10年間に母集団数は1%、売上高は2%、金額では27兆円しか増えていません。人口減少時代を迎えて、市場規模の拡大が頭打ちになっているのです。

　売上規模は増えていないのに、利益は急増しました。損益計算書は、営業利益、経常利益、税引前当期純利益、当期純利益と、段階的に利益を計算していきますが、すべての利益が大増益、しかも最終の当期純利益になるに従って、増大幅は拡大しています。

　営業利益は29兆3,545億円から67兆7,295億円へ38兆円の増加、2.31倍です。これは売上原価の減少が原因です。

　経常利益は、35兆4,623億円から83兆9,177億円へ48兆円の増加、2.37倍です。金額も伸びも営業利益を上回っています。この原因は、法人が持っている金融資産が投資収益を上げていること（営業外収益の増加）、借入や社債の利子が減っていること（営業費用の減少）です。法人企

業は、全体として見れば、金利を負担する側ではなく、利子や配当を受け取る側なのです。

　税引前当期純利益は、60兆円の増加、3.7倍になりました。特別利益が増えて、特別損失が減りました。資産の売却や処分が順調で、資産の過大な償却をせずにすんでいます。

　法人税等は1.37倍にすぎなかったので、当期純利益は、7兆3,909億円から62兆300億円に55兆円、8.39倍にも増加しました。法人税等は税引前当期利益に対する課税です。法人税等の税引前当期利益に対する比率は、64.9%から24.1%に下がりました。

　モノやサービスの提供という本業、金融からの利益の増加、資産処分や償却も好調、税負担の軽減と、損益計算書が下に行くほど、利幅、増益額が拡大しています。

　売上高が27兆円しか増えていないのに、営業利益が38兆円、税引前当期純利益が60兆円増えたのです。まさに利幅の拡大、利益の獲得は、凄まじいものです。

●資本金1億円以上法人の売上高は全体の6割、利幅も格段に大きい

　では規模別の収益性を見てみましょう。「法人企業統計」は、資本金規模別です。①資本金1,000万円未満、②資本金1,000万円以上1億円未満、③資本金1億円以上10億円未満、④資本金10億円以上（以下、大企業）の四つのグループです。母集団数と売上高、それぞれの割合は、**図表3**のとおりです（2018年度）。

　資本金1億円の企業は、社数のうちの1.1%ですが、売上高の58%を占めていることがわかります。2008年度、2017年度、2018年度について、規模別の総資本経常利益率を見てみます［→**図表4**］。

　資本金1,000万円未満のグループでは、2008年度、平均0.5%でした。多くの小規模企業が経常損失を計上したことがわかります。資本金1,000万円以上の企業は、おおむね2〜3%台の収益力でした。それが2017年度、2018年度には、どの資本金グループにおいても、収益性が

図表2　収益性の分解と推移（百万円）

	2008年度		2018年度		10年間の伸び
母集団 (数)	2,774,434		2,815,711		1.01
売上高	1,508,207,183	100.0%	1,535,211,424	100.0%	1.02
売上原価	1,183,911,291	78.5%	1,153,726,994	75.2%	0.97
販売費及び一般管理費	294,941,333	19.6%	313,754,914	20.4%	1.06
営業利益	29,354,559	1.9%	67,729,516	4.4%	2.31
営業外収益	23,862,895	1.6%	29,488,314	1.9%	1.24
営業外費用	17,755,155	1.2%	13,300,165	0.9%	0.75
経常利益	35,462,299	2.4%	83,917,665	5.5%	2.37
特別利益	11,090,263	0.7%	14,245,146	0.9%	1.28
特別損失	24,426,375	1.6%	16,356,968	1.1%	0.67
税引前当期純利益	22,126,187	1.5%	81,805,843	5.3%	3.70
法人税等	14,363,898	1.0%	19,678,647	1.3%	1.37
法人税等調整額	371,391	0.0%	97,176	0.0%	0.26
当期純利益	7,390,898	0.5%	62,030,020	4.0%	8.39

図表3　資本金規模別の割合（百万円）

2018年度	総数	10未満	10〜100未満	100〜1,000未満	1,000以上
母集団社数	2,815,711	1,858,904	926,820	24,961	5,026
占める割合	100.0%	66.0%	32.9%	0.9%	0.2%
売上高	1,535,211,424	133,685,049	513,687,892	298,015,127	589,823,356
占める割合	100.0%	8.7%	33.5%	19.4%	38.4%

図表4　総資本経常利益率の資本金規模別推移

年度 ＼ 資本 (百万円)	10未満	10〜100	100〜1,000	1,000以上	計
2008年度	0.5%	2.2%	3.2%	2.9%	2.5%
2017年度	3.2%	3.9%	5.9%	5.4%	4.9%
2018年度	3.0%	3.6%	6.0%	5.3%	4.7%

急激に回復しました。特に、資本金グループで1億円以上の企業は、5〜6％となっており、たいへん良好な状態にあります。　〈野中郁江〉

[参考文献]
企業分析研究会 [2018]『現代日本の企業分析——企業実態を知る方法』新日本出版社。

③ 労働者には付加価値が重要

企業のデータは利益が中心です。しかし利益のもととなる企業の価値（富）を生み出しているのは、労働者です。この価値を付加価値といいます。付加価値から多くの額が労働者の財布に入れば、暮らしを豊かにできます。利益に多く分配されれば、労働者の取り分は減ります。付加価値の分配をめぐる労働者と企業（資本家）との闘いを階級闘争といいます。

●付加価値は労働によって生み出される

　日本企業は、多額の利益を上げ、配当し、残りを蓄積してきました（内部留保といいます）。

　企業が多くの利益を上げれば、経営者はニコニコします。しかし利益が増えることは、誰にとっても「よかった、よかった」ということになるでしょうか。ここでは利益が生まれる過程に注目して、利益よりも付加価値が重要だという話をします。

　企業は、メーカーであれば原料を仕入れ、加工して、製品にして、販売します。加工して、販売するのはすべて人手ですから、労働者を雇用します。機械も使いますが、機械は長持ちすることが特質ですが、外から購入するというコストですから、原料と性格は同じです。

　付加価値は、外部から購入した原料や設備（外部購入費用）に、労働を加えて、新しい価値を作り出していることに注目します。外部購入費用は、購入元までの段階で、すでに生み出されていた価値です。付加価値は、労働を加えて、新しい価値を作り出した金額、新たに付け加えられた価値です。**図表1**は、本が1,000万円で販売されるまでの付加価値が生み出される過程を示したものです。

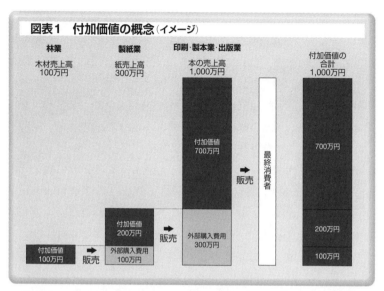

図表1　付加価値の概念（イメージ）

| 林業 | 製紙業 | 印刷・製本業・出版業 | | 付加価値の合計 |

林業
木材売上高
100万円

製紙業
紙売上高
300万円

印刷・製本業・出版業
本の売上高
1,000万円

付加価値の
合計
1,000万円

付加価値
700万円

最終消費者

販売

700万円

付加価値
200万円

外部購入費用
300万円

販売

200万円

付加価値
100万円

販売

外部購入費用
100万円

販売

100万円

　出版物の売上高1,000万円には、紙の原料になる木材を林業業者が木を切り倒して搬出するという労働が生み出した価値（付加価値）100万円、木材から紙を作るという労働が生み出した価値（付加価値）200万円、原稿をもとに本を製作して、出版・販売するという労働によって生み出した価値（付加価値）700万円が含まれています。つぎつぎと付加されていく価値（付加価値）は、労働によって生み出されており、付加価値合計が最終の売値となっています。

　2018年度の企業が生み出す付加価値総額は314兆円、これに対して売上高は1,535兆円、差額1,221兆円だけ、重複して数えている金額になります。1年間の付加価値は、生み出された価値の総額です。私たちはGDPによって、その年の経済活動の規模を知りますが、GDPは、社会全体の生み出した価値、付加価値の総額です。法人が生み出す付加価値額は、2018年度、314兆円です。GDPの57.2%にあたります。

●利益は付加価値分配をめぐる階級闘争の結果

　付加価値が労働によって生み出されているなら、付加価値の額だけ、

労働者は賃金をもらえるのでしょうか。そうであるなら経営者の利益はないはずです。付加価値は労働によって生み出されますが、労働の対価である労賃の額は一部にすぎません。付加価値は労賃、金利、地代、税金、利益などに分配されているのです。

付加価値額は、売上高から外部購入コストを引き算します（減算法）。また付加価値は、労賃、金利、地代、税金、利益に分配されていくので、これらを足すことで計算します（加算法）。

企業は、利益を増やすために金利も、地代も、税金も、労賃（人件費）も下げようとします。特に、付加価値の配分をめぐる「労賃vs利益」、これは労働者vs資本家の階級闘争です。この対立関係は、マルクスが資本論を書いた18世紀のイギリスでも、現在のIT企業でも同じです。

今、日本社会では格差が拡大し、貧困化が進んでいます。格差とは、所得、つまり収入の格差です。社会の技術力は、進歩しているので、人々の暮らしは豊かになっていくはずです。学歴も上がっていますから、得られる労賃は増えるはずです。しかし増えているのでしょうか。

●付加価値がしっかり増えた10年間

「法人企業統計」の付加価値は、分配先を以下の算式によって加算します。

> **付加価値**＝役員給与＋役員賞与＋従業員給与＋従業員賞与＋福利厚生費
> ＋支払利息等＋動産・不動産賃借料＋租税公課＋営業純益

「法人企業統計」は、法人登記をしている企業の単体の金額数値なので、海外子会社法人の数値を含みません。「法人企業統計」から全産業の2008年度と2018年度の付加価値とその内訳、占める割合を見てみましょう［→**図表2**］。人件費の占める割合のことを労働分配率といいます。

付加価値は、264兆円から314兆円へ50兆円増えました。労働によって生み出された分配できる原資です。2008年度の労賃総額である従業員人件費は168兆円、2018年度は182兆円に、14兆円増えました。

図表2　付加価値配分の状況（全産業）（億円）

区分	付加価値合計	役員報酬等	従業員人件費	支払利息等	賃借料	租税公課	営業純益
2008年度	2,643,278	290,355	1,684,662	103,915	272,848	101,867	189,631
構成比	100.0%	11.0%	63.7%	3.9%	10.3%	3.9%	7.2%
2018年度	3,144,822	266,324	1,819,765	64,966	273,143	108,295	612,329
構成比	100.0%	8.5%	57.9%	2.1%	8.7%	3.4%	19.5%

図表3　1人当たり労働生産性

	従業員数（万人）	労働生産性（万円）
2008年度	4,139	638.6
2018年度	4,307	730.1

営業純益は19兆円から61兆円に、42兆円増えました。

　2008年度の労働分配率は63.7%、2018年度は57.9%、マイナスの5.8%です。2008年度の利益への分配、営業純益の割合は7.2%、2018年度は19.5%、プラス12.3%です。

　アベノミクスによって景気は急回復しましたが、その成果は、企業利益の取り分が増えているだけで、労働者の取り分は減っていることを示しています。

　よく世間で下がったといわれている労働生産性についても見てみましょう［→**図表3**］。付加価値総額を従業員数で割って、労働生産性を計算します。付加価値労働生産性ともいいます。2008年度から2018年度までの10年間に、92万円増えています。

　1人が生み出す付加価値が増えているのに、労働者全体の取り分、分配率は、下がっているのです。　　　　　　　　　　　　　　　〈野中郁江〉

[**参考文献**]
野中郁江編著［2020］『市民が学ぶ決算書——企業と社会がわかる』唯学書房。

④ アベノミクスで増えた富の行き先

2020年のコロナ・パンデミックが始まる直前まで、日本の企業は利益率を高めてきており、特に大企業の好調ぶりが顕著でした。他方、労働者への分配は減少しており、このことが消費不況の原因、格差社会をもたらす元凶です。企業の利益から、さらに法人税や配当に支払われます。残りが内部留保です。付加価値という富の分配を追いかけてみましょう。

●営業純益から先の分配について工夫する

付加価値は、その年に生み出された価値＝富の総額です。付加価値の分配は、「法人企業統計」では営業純益で終わっています。その先、法人税等が支払われます。さらに配当が支払われます。残りが内部留保に回されます。

こうした付加価値の行く末について、さらに追いかけてみましょう。租税公課と法人税等とを合算して、税負担額とします。営業純益から、法人税等と配当額を引き算して、内部留保とします。この内部留保は、実際の内部留保額よりも小さくなります。その理由は、付加価値から配分される利息や配当が再び企業の懐に入るからです（後述）。

ここでは、特別損益を無視したこと、法人税調整額を加算しなかったことにより、損益計算書の税引後当期純利益とは不連続になっています。

●組み替えた付加価値分析表からわかること——配当と内部留保に注目

ここでは、組み替えた全産業の付加価値分析表［→**図表1**］を使って、アベノミクスの効果を見るために、2012年度、2018年度の比較をします。

付加価値の総額は、272兆円から314兆円へ42兆円、15.5％増加し

図表1　組み替えた付加価値分析表（全産業）（億円）

	2012年度		2018年度	
	付加価値金額	分配率	付加価値金額	分配率
①役員報酬等	262,760	9.6%	266,324	8.5%
②従業員人件費	1,706,228	62.7%	1,819,764	57.9%
③支払利息等	77,148	2.8%	64,966	2.1%
④賃借料	264,651	9.7%	273,143	8.7%
⑤税負担額	248,281	9.1%	306,054	9.7%
⑥配当金	139,574	5.1%	262,068	8.3%
⑦内部留保	24,762	0.9%	152,502	4.8%
付加価値合計	2,723,402	100.0%	3,144,822	100.0%
従業員数（人）	40,892,206		43,071,272	

ました。付加価値の伸びは売上高の伸び1.8％をかなり上回っています。

　役員報酬等の実額は、ほとんど変わりませんでした。分配率は、9.6％から8.5％に下がりました。

　労働者数は増えたこともあり、人件費総額は増えました。しかし1人当たりの人件費を計算すると、わずか5万円しか増えませんでした。労働分配率は62.7％から57.9％に、4.8％下がっています。

　支払利息等の実額は15％減少し、分配率は2.8％から2.1％に大幅に下がりました。金融機関の取り分が減っています。ゼロ金利政策の影響です。

　賃借料の実額は、わずかに増えました。分配率は9.7％から8.7％にわずかに下がりました。

　税負担額、つまり政府、自治体への分配は、利益の増加に伴って増加しました。分配率は9.1％から9.7％になりました。ただし法人税率は下がっていますから、営業純益に占める割合は下がっています。

　配当金は、ほぼ2倍に増加しました。分配率は5.1％から8.3％に、飛躍的に上昇しました。支払利息等の分配率の4倍になりました。

　内部留保は約6倍に増えました。分配率は0.9％から4.8％になりました。

配当金と内部留保とを合わせると、分配率は、6.0％から13.1％に増えました。

　2012年度から2018年度まで、役員報酬等、従業員人件費、支払利息等、賃借料の分配率が下がりました。上がったのは、税負担額、配当金、内部留保です。総じて、生み出された富は利益となり、配当と内部留保にあてられたことがわかります。

●資本金規模の違いと付加価値

　資本金10億円以下のグループと資本金10億円以上の大企業グループの違いを見てみましょう［→図表2］。

　資本金規模にかかわらず、役員報酬等、従業員人件費、支払利息等、賃借料の分配率が下がりました。

　税負担額は、資本金10億円未満の企業では、分配率が上がりましたが、10億円以上では、下がりました。法人税率等の低下だけでなく、大企業に対しては一層の優遇があった結果です。

　配当金、内部留保への分配率は上がりましたが、特に10億円以上企業の配当金への分配率は12.6％から18％に増え、目立っています。18％という分配率の高さは、従業員人件費に次ぐ分配先です。銀行、不動産業、税への支払いを抑えて、投資家が富の獲得先として、躍り出てきたということができます。

●大企業を中心に金利・配当を手に入れている──内部留保はもっと多い

　ここでは、付加価値からの配分である営業純益から、法人税を支払い、配当金を支払い、残りが内部留保にまわると仮定しました。しかし大企業は、年々、金融資産を増やしており、利息、配当金の受け手でもあります。ですから内部留保される金額は、付加価値からの内部留保に、受取利息や受取配当金を加算した金額ということになります。

　2018年度には付加価値から計算された内部留保は15.3兆円でしたが、最終的な内部留保は35.8兆円でした。増加した内部留保は蓄積され、金融資産を増やし、さらに配当金や受取利息がまた内部留保されてい

図表2　資本金規模別の付加価値分配率（全産業）

	10億円未満		10億円以上	
	2012年度	2018年度	2012年度	2018年度
付加価値合計	(188.5兆円)	(209.4兆円)	(83.9兆円)	(105.1兆円)
①役員報酬等	13.5%	12.3%	1.0%	0.9%
②従業員人件費	64.0%	61.6%	59.5%	50.4%
③支払利息等	2.5%	1.6%	3.5%	2.9%
④賃借料	9.3%	8.4%	10.8%	9.2%
⑤税負担額	7.3%	8.5%	13.1%	12.3%
⑥配当金	1.8%	3.5%	12.6%	18.0%
⑦内部留保	1.6%	4.1%	-0.6%	6.4%

くことになります。

　労働分配率が下がることで、労働者は暮らしに困り、貧困が蓄積していきます。GDPの6割弱を占める消費の縮小は、消費に直接関連の深い中小企業の付加価値を減らすので、中小企業経営者も苦しい状態に陥ります。

　コロナ禍のもとで、消費不況はさらに深刻化しています。労働者への付加価値分配を増やし、消費を増やすことで、景気が拡大するという正しい回復基調を見失ってはいけません。　　　　　　　　　〈**野中郁江**〉

［**参考文献**］
野中郁江［2019］「富と貧困の累積を描く付加価値分析」『経済』2019年12月、No291。

積み上がる内部留保が抱える問題

企業の内部留保は近年、急激に増加しています。新型コロナウィルスの蔓延により、経済活動が抑制され、国民の生活が苦しくなっています。一方で、大企業には莫大な内部留保が蓄えられてきました。ここでは、内部留保増加の要因とその問題点について考えます。

●社会問題化する内部留保

　内部留保の増大は様々な局面で社会問題化してきました。2008年末から2009年の年始にかけて、リーマンショックの影響により多くの派遣社員が職を失ったとき、生活に困窮した者を救済するために年越し派遣村が日比谷公園に開設されました。このとき、大企業には多額の内部留保があったため、それを取り崩して雇用にまわせと批判の声が上がりました。2020年には新型コロナウィルスが全世界に蔓延し、リーマンショックよりも深刻な経済不況に陥りました。しかし、大企業の内部留保は十分に蓄えられています。ここでは、年々増加する内部留保について考えてみましょう。

●増え続ける内部留保が500兆円に到達

（1）内部留保とは？

　財務省の「法人企業統計」において、2018年度の内部留保が526兆円（金融保険業を含む全産業）に達しました。年越し派遣村が開設された2008年度は、280兆円の内部留保でした。この11年間で、246兆円増加しています。企業の現金預金も増加しつつあり、2018年度の現金預金は223兆円に達し、前年度（221兆円）を12兆円上回りました。

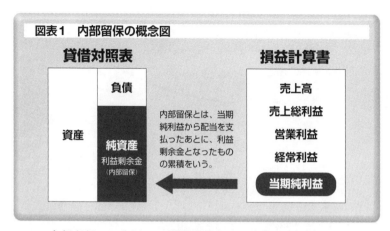

図表1　内部留保の概念図

貸借対照表

| 負債 |
| 資産 |
| 純資産
利益剰余金
(内部留保) |

内部留保とは、当期純利益から配当を支払ったあとに、利益剰余金となったものの累積をいう。

損益計算書

売上高

売上総利益

営業利益

経常利益

当期純利益

　この内部留保526兆円は、貸借対照表の利益剰余金にあたるものです。利益剰余金が多ければ多いほど、過去の利益の蓄積が大きく、内部留保が多いといえます［→**図表1**］。

(2) 内部留保の増加とともに使われない現金預金等が増加

　「法人企業統計」における製造業の数値をもとに、内部留保の増加要因について詳しく分析します。

　内部留保は年々増加しています。2008年に108兆円あったのに対し、2018年には163兆円に増加しています［→**図表2**］。2008年と2018年を比較すると約1.5倍増加しました。金融資産も、増加傾向にあります。ここでいう金融資産とは現金預金、有価証券、投資有価証券のなかの公社債の合計です。2008年に50兆円あった金融資産は、年々増加し、2018年に72兆円となっています［→**図表2**］。2008年と2018年を比較すると約1.4倍増加しました。

(3) 従業員給付と設備投資は減少傾向

　従業員給付は低下傾向にあります。従業員給付は、従業員給与と従業員賞与の合計です。2008年に45兆円あったのに対し、2012年に42兆円にまで低下し、2018年には44兆円に上昇しました［→**図表3**］が、内部留保が大幅に増加し続けていることと比較すると、従業員給付は

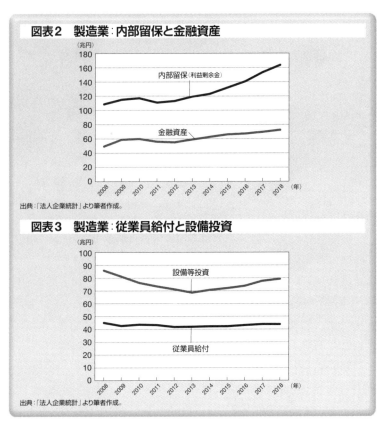

図表2 製造業：内部留保と金融資産

（兆円）

内部留保（利益剰余金）

金融資産

出典：「法人企業統計」より筆者作成。

図表3 製造業：従業員給付と設備投資

（兆円）

設備等投資

従業員給付

出典：「法人企業統計」より筆者作成。

低下傾向にあります。2008年と2018年を比較すると約0.97倍と減少しました。

　設備投資は減少傾向にあります。2008年に85兆円あり、2013年に69兆円まで低下します[→**図表3**]。2018年に79兆円まで増加しますが[→**図表3**]、内部留保の増加と比較すると設備投資は低下傾向にあるといえます。2008年と2018年を比較すると約0.92倍と減少しました。

（4）配当は大幅に増加

　配当金は大幅に増加しています。2008年に5兆円であったものが、2018年に9兆円となり、ここ数年で倍近く、増加しています[→**図表4**]。

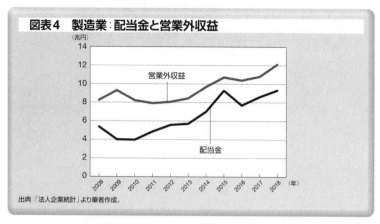

図表4　製造業：配当金と営業外収益
(兆円)

営業外収益

配当金

出典：「法人企業統計」より筆者作成。

　配当金収入や売買目的有価証券の売却益等が含まれる営業外収益も増加しています。2008年に8兆円であったものが、2018年には12兆円にまで増加しています［→**図表4**］。伸び率は約1.4倍になります。

●内部留保の増加の要因とその問題点

　内部留保が増加している要因は、企業が好業績であるにもかかわらず、人件費の切り下げや有形固定資産への設備投資が控えられていることにあります。内部留保は、賃上げや設備投資に使われるのではなく、現金預金でそのまま保有するか、投資有価証券を含めた金融資産に投資されています。かたや、配当は大幅に増加しています。これは、多くの企業が配当をしている一方で、莫大な受取配当金の収入があることを示しています。株式などの金融資産に投資することで企業も多くの配当金収入を得ているのです。

　新型コロナウィルスの蔓延により、国民の生活が悪化しています。今こそ、大企業の内部留保を人件費や設備投資を通じて有効活用するときです。　　　　　　　　　　　　　　　　　　　　　　〈田中里美〉

［参考文献］
野中郁江編著［2020］『市民が学ぶ決算書——企業と社会がわかる』唯学書房。

**6　大企業に有利な
日本の税制**

2021年度の国の財政規模は、コロナ感染対策を含んだ前年度
の第3次補正予算を含めると 120兆円を超えています。国債
を増発することで賄われますが、今後、増税への圧力は高まる
ことでしょう。ここでは法人税などの企業課税を中心に、税制
について考えます。

●応能負担原則と日本の税制

(1) 民主主義国家の税制は、応能負担が基本

　日本は、国民主権を基本とする民主主義国家です。日本国憲法前文は、
「そもそも国政は、国民の厳粛な信託によるものであつて、その権威は
国民に由来し、その権力は国民の代表者がこれを行使し、その福利は
国民がこれを享受する」としています。「福利を享受する」のは国民であ
る、私たち一人ひとりです。

　憲法は、第11条基本的人権の尊重から始まり、法の下の平等、選挙権、
思想・信条の自由、表現の自由、学問の自由などの自由権をあげ、第
25条に「健康で文化的な最低限度の生活を営む権利を有する」という生
存権、第26条に教育を受ける権利と受けさせる義務が、第29条に財産
権と公共の福祉による制限があり、ようやく第30条に「国民は、法律
の定めるところにより、納税の義務を負ふ」という国民の納税の義務が
でてきます。

　人権を尊重し、福祉を充実させるためのコストとして、国民は税を
負担するのです。そこで実現するべき社会のあり方と税の集め方とは、
整合していなければなりなせん。実現すべきは、人権を尊重する福祉

社会ですから、課税の原則は、応能負担原則によるのが普通です。

応能負担原則に従えば、担税力のあるお金持ちにはより多くの納税を求め、担税力のない貧困層には納税を求めないことになります。税制において、お金持ちが優遇され、貧しい人が課税によってさらに貧しくなるとすれば、人権を尊重する福祉社会は遠のく一方です。応能負担原則は、富の再分配を行って、格差を縮小するための重要な考え方なのです。

(2) 応能負担が後退する日本の税収構造

個人所得税と法人所得税は、二大税収財源として、日本社会の成長と安定、豊かさを支えてきました。1988年度では、国税に占める法人所得課税の割合は35.3%、個人所得税は34.4%でした。法人税は、最大の税収項目でした［→**図表1**］。

1989年4月に消費税(3%)が新設されます。消費税は1997年4月に5%、2014年4月に8%、2019年10月に標準税率が10%と軽減税率が8%に引き上げられます。一方、法人税率は一番高い1982年に43.3%、1999年に30%、2012年に25.5%と下がり、今も下がり続けています。消費税率と法人税率は、真逆の方向で推移してきました。所得税も、所得区分が減り、最高税率が下がり、累進性は弱まって、税収に占める割合は下がっています。

2020年度(予算)では、国税収入のうち、消費税42.9%、法人税23.4%、個人所得税28.7%と見込まれています［→**図表1**］。消費税は、消費に対して一律に課税されるので、応能負担ではありません。貧困家庭の子供の買い物にも課税されるので、逆累進課税ともいわれています。税負担者で見ると、法人税23.4%に対して、個人は所得税と消費税合わせて71.6%となり、個人が税負担をかぶる国になりました［→**図表1**］。

(3) 所得が1億円を超えると実質所得税負担率が低くなる

応能負担原則を誇っていたはずの所得税も、応能負担ではなくなってきています。所得が1億円に到達するのを境に、所得税の負担率が

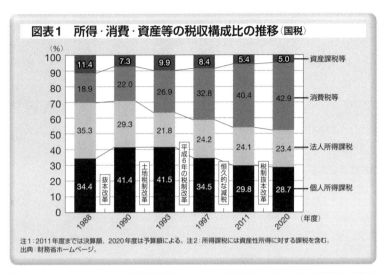

図表1　所得・消費・資産等の税収構成比の推移（国税）

注1：2011年度までは決算額、2020年度は予算額による。注2：所得課税には資産性所得に対する課税を含む。
出典：財務省ホームページ。

低下しているのです。所得規模ごとに申告所得に対する納税額の割合（実質所得税負担率）を計算すると、所得規模が1億円超の人は28.2％となり、2億円超の人は27.4％、5億円超の人は24.6％、100億円を超える人は18.8％と低下していきます［→**図表2**］。そして、所得規模が大きくなるにつれて、所得に占める株式等の譲渡所得や配当所得の割合が高くなっています。所得規模100億円を超える人は、所得のうち82.7％が株式等の譲渡所得等であり、14.4％が配当所得等です［→**図表3**］。所得規模の大きい人は、働かずに莫大な所得を得て、なおかつ実質所得税負担率も低いのです。応能負担原則に従えば、所得規模が1億円を超える人からもっと税負担を求めるべきです。

●法人税法の大企業優遇は歴然

⑴ 大企業ほど実質法人税負担率が低い

　法人税は課税所得に税率を乗じて計算します。100の所得で税率30％なら、税金は30となります。法人の所得は企業会計上の当期利益を計算の出発点にします。当期利益とは別に所得となるものは加算して、当期利益のなかでも所得にならないものは減算して課税所得を計

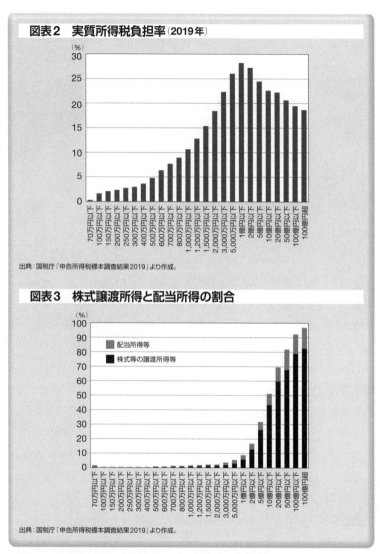

図表2　実質所得税負担率（2019年）

(%)

出典：国税庁「申告所得税標本調査結果2019」より作成。

図表3　株式譲渡所得と配当所得の割合

(%)

- 配当所得等
- 株式等の譲渡所得等

出典：国税庁「申告所得税標本調査結果2019」より作成。

算します。特に減算され、課税所得を減らす効果のある項目には注目する必要があります。税金が減る効果をもたらすためです。

　そこで、企業会計上の当期利益に対して、法人税額をどの程度支払

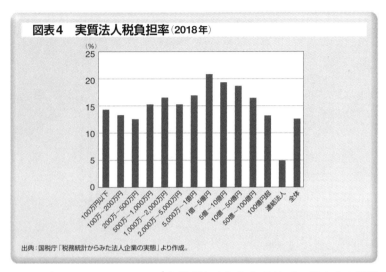

図表4　実質法人税負担率（2018年）

出典：国税庁「税務統計からみた法人企業の実態」より作成。

っているのか（実質法人負担率）[1] を計算しました〔→**図表4**〕。資本金5億円
を境として規模が大きくなるにつれて実質法人税負担率が低くなって
います。資本金規模100億円超の企業は13.2％と非常に低いです。連
結法人は5.0％と目を疑うほどの低さです。資本金規模の小さい企業の
実質法人税負担率が低くなるのは赤字法人が多く、また軽減税率が適
用される場合があるので、応能負担原則から考えれば納得のいくもの
となります。しかし、担税力のある資本金規模の大きい企業ほど実質
法人税負担率が低くなるのはなぜでしょうか。それは、当期利益のな
かに所得とならずに減算される項目や租税特別措置のなかに大企業ほ
ど利用できるものがあるからです。

（2）減る法人所得

　図表5は、資本金規模100億円以下の企業の当期利益を100％とした
場合の減算項目の割合を示した円グラフです。繰越欠損金が13.2％、
特別償却準備金が1.4％、受取配当益金不算入額が5.5％、外国子会社
から受ける受取配当益金不算入額が1.7％、合計21.8％が当期利益から
減らされ、課税所得が小さくなっていることがわかります。過去の赤字

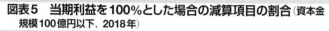

図表5 当期利益を100%とした場合の減算項目の割合（資本金規模100億円以下、2018年）

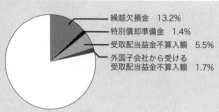

繰越欠損金　13.2%
特別償却準備金　1.4%
受取配当益金不算入額　5.5%
外国子会社から受ける
受取配当益金不算入額　1.7%

出典：国税庁「税務統計からみた法人企業の実態」より作成。

図表6 当期利益を100%とした場合の減算項目の割合（資本金規模100億円超の企業、2018年度）

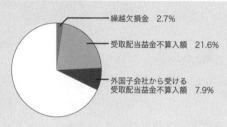

繰越欠損金　2.7%
受取配当益金不算入額　21.6%
外国子会社から受ける
受取配当益金不算入額　7.9%

出典：国税庁「税務統計からみた法人企業の実態」より作成。

である繰越欠損金以外の減算項目は少ないことが特徴です。

　特に、実質法人税負担率の低かった資本金規模100億円超の企業と連結法人を見てみましょう。**図表6**は、資本金規模100億円超の企業の円グラフです。繰越欠損金が2.7%、受取配当益金不算入額が21.6%、外国子会社から受ける受取配当益金不算入額が7.9%、合計32.2%が当期利益から減らされ、課税所得が小さくなっています。全体よりも繰越欠損金の割合は低いですが、受取配当益金不算入額と外国子会社から受ける受取配当益金不算入額の割合は高くなっています。

　図表7は、連結法人の円グラフです。繰越欠損金が6.7%、受取配当益金不算入額が34.2%、外国子会社から受ける受取配当益金不算入額が16.6%、合計57.5%が当期利益から減らされ、課税所得が小さくな

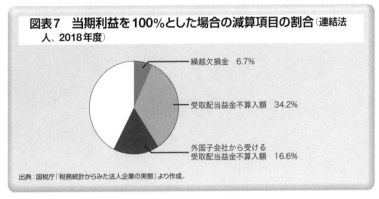

図表7　当期利益を100%とした場合の減算項目の割合（連結法人、2018年度）

繰越欠損金　6.7%

受取配当益金不算入額　34.2%

外国子会社から受ける
受取配当益金不算入額　16.6%

出典：国税庁「税務統計からみた法人企業の実態」より作成。

っています。繰越欠損金の割合は高く、受取配当益金不算入額と外国子会社から受ける受取配当益金不算入額の割合も非常に高くなっています。

(3) 大企業ほど免除される税金

法人所得に税率を乗じて税金が算出されても、実際に納税する税金は少なくなる場合があります。これを税額控除といいます。

●公平な法人税課税にするためには

(1) 受取配当益金不算入制度の見直し

所得を最も減らす要因は、受取配当益金不算入制度です。この制度は、ある一定の条件にあてはまれば、受け取った配当が所得にならない制度です。受取配当は別法人から移転してきた所得なのですから、原則、課税すべきです。

(2) 外国子会社受取配当益金不算入制度の見直し

外国子会社受取配当益金不算入制度とは、外国子会社から受ける配当などの額の95%相当額を所得にしない制度です。外国子会社の受取配当も別法人から移転してきた所得ですので、原則、課税すべきです。

(3) 不公平な租税特別措置を見直し

租税特別措置とは、担税力が同様であっても、政策目的実現のために、特定の要件に該当する場合、税負担を軽減する措置です。優遇の仕方

は様々で、軽減税率、準備金、特別償却、所得控除、税額控除などがあります。特に、税額控除は大企業の実質法人税負担率を低下させており、見直しが必要です。

(4) 連結納税法人は、税逃れの制度

連結納税制度は、企業グループを一つの課税単位と見て課税する制度で、各法人間の所得と欠損金を合算して法人税を算出します。赤字法人の損失を黒字法人の所得と相殺できるので、前述したように、税負担は5%でしかありません。

2010年にはグループ法人税制の枠組みが設けられ、こうしたグループ間非課税は、法人税課税における応能負担原則を損なっています。連結納税制度は廃止するか、特別の加算税を課すしか、解決の方法はないでしょう。

(5) 大企業優遇税制が消費税増税の圧力になってきた

法人税率が43.3%から23.2%（現在）に下げられた結果、消費税と所得税を合わせた個人の税負担は増えました。でも税率だけの問題ではありませんでした。実質的に負担している税率は、資本金規模100億円の企業は13.2%、連結法人については5.0%にすぎません。応能負担原則とまるっきり反対のことになっているのです。

今後もコロナ禍を口実に、法人税率引き下げと消費税増税が進むことが懸念されます。今こそ応能負担原則の原則どおりに、担税力のある大企業や富裕層が税を支払い、重税にあえぐ国民の負担を軽減させて、コロナ禍で激減している消費を回復させ、暮らし、営業、雇用を守ることが大切です。　　　　　　　　　　　〈田中里美・野中郁江〉

1—田中里美［2017］『会計制度と法人税制——課税の公平から見た会計の役割についての研究』唯学書房、88〜89頁。
2—同上書、93〜95頁の計算方法により、2018年度の免除された税金の割合を計算すると、連結法人は59.6%、資本金100億円超の企業は24.2%となる。

国民が背負わされる原発事故の負担

2011年の震災により、東京電力は多額の損失を被り経営状態が悪化しましたが、倒産には至りませんでした。その理由は、政府による原子力損害賠償・廃炉等支援機構の設立を通じて、賠償費用を電気料金に上乗せすることができる仕組みが作られたからです。そのため賠償費用は東京電力や株主だけでなく、国民も負担することになりました。

●原発問題と東京電力の再建

2011年3月11日に発生した東日本大震災は多方面に未曾有の被害をもたらし、福島原子力発電所の事故は、それまで当たり前であったふるさとや家族との生活、生業などを多くの人が失うこととなりました。その災害費用総額は政府の試算で約22兆円といわれています。この福島原子力発電所を所有しているのは東京電力（以下、東電）です。

当時東電は、原発事故の費用負担により、大赤字を計上し、債務超過に陥りました。しかし現在では、毎年の決算では安定して利益を出しており、債務超過の状態も脱しています。なぜ東電は再建でき、現在も経営ができているのでしょうか。以下では、震災後の東電の経営状況を概観し、利益が出る仕組みを確認し、なぜ東電が経営破綻していないかを見ていきます。

●東京電力の経営状態

図表1は、東電の経営状況を見る主要な項目の推移を示しています。

まず営業収益と営業費用は、2011年から2020年にかけて増加傾向にあります。営業収益の増加は電気料金収入の増加を意味しています。営業費用の増加は、停止している原発の代わりに火力発電が中心とな

図表1　経営状態の推移（単位：億円）

	2011年 3月31日	2014年 3月31日	2017年 3月31日	2020年 3月31日
営業収益	53,685	66,314	53,757	62,414
営業費用	49,689	64,400	50,991	60,296
原子力損害賠償支援機構 資金交付金（特別利益）	0	16,658	2,942	1,017
原子力損害賠償費 （特別損失）	0	13,956	3,920	1,079
当期純利益（または損失）	△12,473	4,386	1,331	516
利益剰余金	4,941	△5,341	1,934	7,919

出典：東京電力「有価証券報告書」より作成。

り燃料費が増加していることや、原発事故の損害賠償や廃炉等への支出によるものです。

　原子力損害賠償支援機構資金交付金と原子力損害賠償費の推移からは、年度ごとにばらつきはありますが、毎年、交付金を受け取りつつ、損害賠償を支払っていることがわかります。

　また、当期純利益と利益剰余金の推移からは、2014年以降は利益を出しており、その利益が蓄積されていることが読み取れます。その要因は①電気料金収入の増加、②賠償費支払のために交付金を受け取っていることだといえます。次に、なぜ電気料金収入が増加しているのか、どのように賠償費支出のための交付金を得ているのかを見ていきます。

●政府の東京電力支援と電気料金の増加

　東電の経営状態の分析から、経営再建の一つの柱に電気料金収入の増加があることがわかりました。その背景には私たちが支払う電気料金に、賠償費用の一部が上乗せされているからです。

　政府は2011年8月に原子力損害賠償支援機構法（現：原子力損害賠償・廃炉等支援機構法）を制定し、原子力損害賠償支援機構（現：原子力損害賠償・廃炉等支援機構）という組織を作りました（以下、原賠機構）。大まかにいえば、この原賠機構は次のようなスキームで動いています。

(1) 原賠機構は政府から国債を交付されており、東電への資金援助額が決定した際には、機構は政府に交付国債の償還を請求できる。

(2) 原賠機構は国債の償還により政府から得た資金を東電に交付する。

(3) 原賠機構は各大手電力会社から「一般負担金」、東京電力からはさらに「特別負担金」という資金を拠出させる。これを機構の運営費にあてるとともに、残額は政府への返済にあてなければならない。

　原発事故関連の賠償費により東電の財政状態が悪化するのを回避するため、被害者への賠償を円滑に行うという名目で、原賠機構が作られたのです。原賠機構は、2020年12月までに累計で9兆4,744億円を東電に資金交付しています。

　原賠機構が組織として維持していくため、そして政府から得た資金の返済のためには収入が必要になります。そのために原賠機構は東電を含む大手電力会社から「一般負担金」という名の収入を得ています。

　大手電力会社は一般負担金を電気料金に上乗せできるようになっています。つまり、電気料金の値上げを通して、私たち国民が賠償費用の負担をしているのです。

●さらなる東電支援策と国民負担

　電気が自宅に届くまでには、発電（電気を作る）、送電（電気を送る）、小売り（電気を売る）の三つの部門を経由します。2016年3月までは、法律の規制により、三部門はすべて地域ごとの1社の電力会社が独占していました。しかし、2016年4月からは家庭向けの電気の小売りの自由化が始まりました。好きな会社を選んで、電気を買うことができるようになったのです。

　しかし、電気の小売りが自由化されても、電柱や電線を管理しているのはすべて東電などの大手電力会社なので、送電部門は依然として1社独占のままです。小売りが自由化された際、小売電気事業者は、「託送料金」という名目で大手電力会社に対して電線などの使用料を払わなければならないと定められました。小売電力事業者としては、コストの

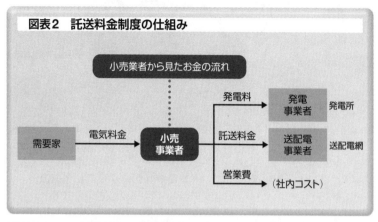

図表2　託送料金制度の仕組み

小売業者から見たお金の流れ

需要家 → 電気料金 → 小売事業者

小売事業者 → 発電料 → 発電事業者 → 発電所

小売事業者 → 託送料金 → 送配電事業者 → 送配電網

小売事業者 → 営業費 → （社内コスト）

回収のために託送料金も電気料金に加えることになるので、最終的には消費者が負担することになります［→**図表2**］。

　2020年10月以降は、託送料金に原子力損害の賠償費用（賠償負担金）等も含めることになりました。託送料金が電気料金に加算されれば、大手電力会社を選んでいない消費者からも賠償費用を回収できるようになります。

　以上見てきたように、政府の政策のもと、東電は経営破綻を免れてきたのです。原賠機構は東京電力の株式を引き受ける形でも資金援助をしており、株式の過半数を保有する支配株主となっています。原賠機構は政府系組織であるため、東電は実質的に国有化されたともいえます。このように東電と政府の関係が強くなる一方で、原発事故の賠償費用は東電自身やその株主ではなく、国民が負担しているのです。

〈寺澤智広〉

［参考文献］
金森絵里［2016］『原子力発電と会計制度』中央経済社。
谷江武士［2017］『東京電力　原発事故の経営分析』学習の友社。
谷江武士・田村八十一編著［2018］『電力産業の会計と経営分析』同文舘出版。

8 アベノミクス「3本の矢」の検証

2012年12月に発足した第二次安倍政権は政策の柱として「安倍」と「エコノミクス」を組み合わせた造語として、「アベノミクス」という語を掲げ、改革を推し進めてきました。また、2020年9月に発足した菅政権でも「アベノミクスの継承」が強調されています。ここではアベノミクスの中身について見たうえで、それがもたらした結果について検証をしていきます。

●アベノミクスとは何か

アベノミクスの中心は、「大胆な金融政策」「機動的な財政政策」「民間投資を喚起する成長戦略」の「3本の矢」政策です。これをもとに政策や目標を具体化したものが「骨太の方針」と呼ばれるもので、これによって「2%程度の実質GDP成長率」「消費者物価上昇率2%」「名目GDP成長率3%」を目指すと明記していました。

●アベノミクスの3本の矢

まず、アベノミクスのもとで行われた政策を3本の矢のそれぞれに沿って確認していきましょう。

第一の矢は「金融政策」です。2013年4月に、日本銀行(以下、日銀)は物価上昇と経済成長を実現するために「量的・質的金融緩和」を行うとしました。「これまでとはまったく次元の違う金融緩和を行う」との発表から「異次元緩和」とも称されます。

「量的・質的金融緩和」における「量」とは、操作の対象を従来の金利(無担保コール翌日物金利)からマネタリーベースへシフトし、その増大を図ることを指します。マネタリーベースとは、世の中に出回っている現金と、金融機関が日銀に保有する当座預金の残高(「日銀当座預金」)の合計から

なります。アベノミクス開始以前に約126兆円であったマネタリーベースの残高は、2020年11月現在約603兆円にまで膨れ上がりました。この急増の要因は日銀当座預金の増加です。

「質」とは、長期国債の買い入れ拡大ともに上場投資信託（ETF）などのリスクのある資産の買い入れを増やすことを指します。2012年12月から2020年11月までに、日銀の国債保有残高は約114兆円から約539兆円へと約5倍に増加しています。また、2011年11月から始まったETFの購入も、アベノミクスのもとで買い入れ額は急増し、2020年11月現在までに35兆円以上の買い入れを行ってきました［→**第2章9**］。

第二の矢は「財政政策」です。財政政策とは、国の歳入（税金・国債など）と歳出（公共投資・社会保障など）を調整することによって、経済に影響を及ぼそうとする政策のことを指します。財政政策の機能としては一般的に、①道路・上下水道・警察・消防などの社会インフラの整備、②累進税制や社会保障などによる所得再分配、③政府が事業を委託することを通じた雇用の創出などによる経済の安定化、があるといわれています。

アベノミクスでは、「湿った経済を発火させるため」に「機動的な財政政策」を行うとしていましたが、この間公共投資は約7兆円前後とほとんど変化していません。他方、高齢化に伴う医療費や介護費の増加を理由に医療・介護の自己負担額を引き上げるなど社会保障の水準を引き下げてきました。歳入面でも、法人税率を引き下げる一方で、2014年4月と2019年10月には、二度の消費税率引き上げを敢行してきました。

第三の矢は「成長戦略」です。この中身は、海外からの投資、民間投資を呼び込むための規制緩和です。これまで社会にあった様々な規制を「岩盤規制」と称し、それに穴をあけるための改革が行われてきました。例えば、「国家戦略特区」を作れるようにし、そこでは従来の規制を撤廃するというものがあります。ほかにも証券市場の分野では、証券市場を

中心とした直接金融の経済体制にし、投資家が株主としてものをいい、企業経営に関与していくことが推奨されてきました［→**第1章3**］。

●景気は「拡大」しているはずなのに

　これらの政策によって、当初の目標であった経済成長を達成することはできたのでしょうか。2013〜2019年の名目GDP成長率は目標の3％に対して平均1.61％でした。また、実質GDP成長率は目標の2％に対してそれを超えることができたのは2013年と2015年の2年間だけで、平均1.04％でした。目標として掲げた数値の半分程度の経済成長しか実現することはできなかったといえます。

　次に、アベノミクスの生活への影響を見ていきましょう。「アベノミクス景気」は、第二次安倍政権が発足した2012年12月から始まり、2018年10月まで続いたとされています。この「景気拡大」は人々の暮らしをどう変えたのでしょうか。

　図表1は2010年から各年末時点の消費者物価指数と賃金指数の推移を示したものです。2010年の数値を100としたとき、2019年末時点の数値は、消費者物価指数は107.5と増加したのに対し、名目賃金指数は101.0とほぼ横ばいだったため、実質賃金指数は94.5と下落しています。アベノミクスの始められた2013年以降、（消費増税などにより）ものの値段は高くなっているにもかかわらず、働く人々の給料は上がらなかったために、買えるものは少なくなった、という事態を招いたことがわかります。すなわち、アベノミクスのもとで景気は「拡大」しているはずなのに、多くの働く人々の暮らしは逆に苦しくなる、ということが起こってしまったのです。

　なぜ、このような結果になってしまったのでしょうか。アベノミクスでは大企業の儲けを増やせば、それがすべての家計に行きわたると想定していました（「トリクルダウン理論」）。しかし、金融緩和や規制緩和によって企業の儲けやすい環境づくりをしたとしても、その儲けが将来を見据えた企業の投資や実質賃金の増加につながらなければ意味があり

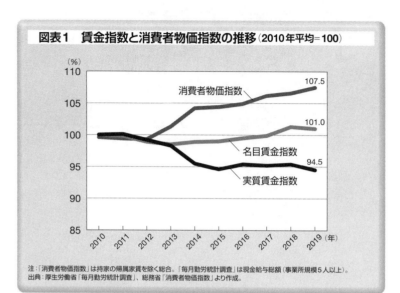

図表1 賃金指数と消費者物価指数の推移（2010年平均＝100）

注：「消費者物価指数」は持家の帰属家賃を除く総合。「毎月勤労統計調査」は現金給与総額（事業所規模5人以上）。
出典：厚生労働省「毎月勤労統計調査」、総務省「消費者物価指数」より作成。

ません。日本のGDPのおよそ6割は個人消費によって構成されています。実質賃金が低迷するなか、消費増税という重石をのせ、そのうえ年金や医療等社会保障の水準を引き下げれば、将来不安の高まりから個人消費はさらに冷え込んでしまうことになります。

　コロナ危機はこうした苦しい状況に置かれてきた家計にさらなる追い打ちを加えるものでした。今、必要な経済政策は、トリクルダウン理論に基づく大企業の儲けの下支えではなく、誰もが安心して暮らせる社会を目指して、個人消費を支えていくようなものではないでしょうか。それは、私たちの生活を豊かにするだけでなく、個人消費の基盤となり、企業の長期的な繁栄につながるものでもあるはずです。

〈葛谷泰慣〉

［参考文献］
首相官邸『日本再興戦略——JAPAN is BACK』2013年6月14日。
工藤昌宏［2016］「浮上できない日本経済」『経済』2016年6月号。
浜矩子［2015］『国民なき経済成長——脱・アホノミクスのすすめ』角川書店。

⑨ アベノミクスで作られた株価

株価とはいったい何なのでしょうか。ここでは、株価はどのように形成されるのか、その基本的な考え方を見たうえで、現在の株式市場の状態について考えます。株価はしばしば景気や企業価値の絶対的な指標として見られますが、近年日銀やGPIFなどによる株式保有増大が政策的に進められるなど、株価が作られている側面があります。

●株式価格の形成

テレビのニュース報道では毎日株価についての報道がなされます。ここでは、株価はどのように形成されるのか、その基本的な考え方を見たうえで、現在の株式市場の状態について考えます。

企業の発行する株式を購入することで、私たちは株主の権利を有することになります。株主の権利は**図表1**に示した三つのものがあります。株価とは、これらの権利の値段と考えられます。

株価の理論的な求め方には様々なものがありますが、例えば配当割引モデルは、株式に投資することで将来にわたって得られる配当を現在の価値に直したときの値段を計算するものです(配当/利子率=株価)。将来にわたって得られる配当といっても、企業の成長に左右されるのですから不確実です。そのため財務諸表などを用いた企業状態の分析(ファンダメンタル分析)が行われます。株価はこのような分析に基づく投資をベースとし、さらにキャピタルゲイン(値上がり益)を見込む投機的な取引によって形づくられているといえます。

日本の株式市場は、戦後長らく続いた銀行による持株や事業会社による株式の相互持合いといった「政策保有」によって株価が歪められて

図表1　株主の三つの権利

図表1　株主の三つの権利

利益分配請求権	配当を受け取る権利
残余財産分配請求権	会社の解散時に残る財産の分配権
議決権	会社の経営に参加する権利、株主総会における議決権行使

図表2　日銀によるETF買入額の推移

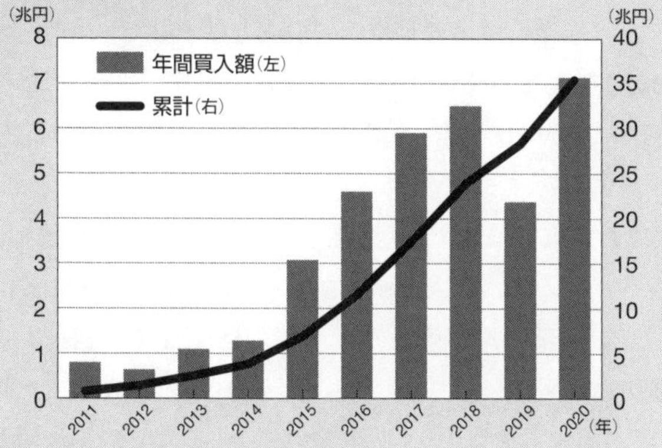

出典：日本銀行「指数連動型上場投資信託受益権（ETF）および不動産投資法人投資口（J-REIT）の買入結果」より作成。

いると、海外投資家をなどからの批判にさらされてきました。これらの割合は今日では減少してきましたが、今度は日銀やGPIF（年金積立金管理運用独立行政法人）といった機関による株式保有が増加しています。

●日銀とGPIFによる株式保有の増大

市場に出回るお金を増やせば景気がよくなるというアベノミクスの考え方のもとで、日銀は長期国債やETF（Exchange Traded Fund：上場投資信託）などの保有額を増大させてきました。ETFとは日経平均などの株価指数に連動した金融商品を指します。購入者は間接的に株価指数を構成する幅広い銘柄を保有することになります。

図表2は日銀によるETFの買入額の推移を示したものです。年間の買い入れ額が2014年まで毎年1兆円前後の金額であったのが、近年急増してきたことがわかります。新型コロナに伴う経済的なショックによ

って、株価は一時大きく値下がりしましたが、そのなかで、日銀は株価を「買い支え」るため、2020年3月の1か月間だけで約1兆5,500億円と、空前の規模でのETFの買い入れを行いました。

また、私たちの将来受け取る国民年金を運用するGPIFも株式への投資割合を拡大させてきました。GPIFは、運用資産のうちの国内株式に投じられる割合について、従来11%を目標としていたのを、2014年10月には25%へと投資割合を2倍以上に引き上げました。GPIFの運用資産額は、2020年度第3四半期末時点で約177.7兆円と、世界でも最大の機関投資家です。この間、巨額の資金が株式市場に流れ込んだことになります。

2020年11月には日銀のETF保有額は時価で約45兆円に達し、GPIFの保有額をも上回り日本最大の株主となったことが報じられました。この金額は、東証一部の時価総額の約7%に相当します。**図表3**に示したとおり、すでに日銀はいくつもの会社の筆頭株主となっています。また、上位10位以内の株主を指す「大株主」基準で見ると、その比率は年々高まっており、2019年3月末時点で、上場企業の約半数で日銀が大株主となっています。

●増大する公的株式保有の問題と株価の意味

日銀による「議決権行使の指針」を見ると、日銀の株を運用する運用受託機関は、(1)日銀の経済的利益の増大のために、(2)株主の利益を最大にするような企業経営が行われるように、議決権を行使すべきだとされています。今や最大の株主となった日銀が、株主価値極大化論を振りかざしていることは大きな問題です。

また、いわゆる「出口」の問題があります。日銀は買い続けた国債やETFをいつかは売却しなければなりません。ですが、それまで買い入れを続けていた日銀が売りに回れば、市場の需給関係は大きく崩れることになります。これまでのところ、具体的な出口戦略についての言及はありません。見通しのないまま買い入れを続けることは、問題を大き

図表3　日銀の株式保有状況

日銀が筆頭株主と見られる主な企業

社名	実質保有比率 (%)
日東電工	15.3
ファナック	12.7
オムロン	12.5
日本ハム	12.2
宝HD	11.7
東海カーボン	11
安川電機	10.3
サッポロHD	8
ユニチカ	6.7
京王電鉄	6.3

注：3月末時点。日銀買い入れ基準と日経会社情報DIGITALの株主情報などから推計、一部略称。

日銀は上場企業の5割で大株主となった

出典：『日本経済新聞』2019年4月16日。

くしながら将来へと先送りしているだけだといえるでしょう。

　株価が景気や企業価値の絶対的な指標として見られ、株高はアベノミクスの成果だと称されてきました。しかし、その背後ではGPIFや日銀が株価を常に下支えする役割を果たしてきました。現在の株価は、株高によって景気感を演出したい政府によって作られた株価であるといえます。

　様々な企業活動が停滞し、多くの雇用が失われたコロナ禍のもとでも、驚くべきことに株価は全体として上昇を続けてきました。しかし、企業の株価がいくらであったとしても、そこで働く人がいて、提供する財・サービスがあるという企業の実態は変わりません。大切なのは株価の上下に振り回されることなく、長期的な視点に立ち各企業を見ることではないでしょうか。　　　　　　　　　　　　〈葛谷泰慣・三和裕美子〉

[参考文献]
玉野井昌夫編[1981]『川合一郎著作集　第三巻　株式価格形成の理論』有斐閣。
垣内亮[2017]「『公的マネー』40兆円超の株価対策」『経済』2017年2月号、新日本出版社。

第**3**章

働く人と
企業

●企業で働く人の問題は、労働問題と呼ばれます。労働問題は、労働者だけの問題ではなく、企業のあり方そのものです。企業では、多くの労働者が働いています。株主、経営者よりも、労働者のほうが企業の活動に多くの時間を割いているのです。

●長い労働時間のせいで、重篤な病気になったり、追い詰められて自殺してしまう人がいます。過労死は、経営側の責任です。深刻なハラスメントも、労働者の尊厳を侵害します。誰もが満足のいく良い仕事をしたいと思っています。しかし労働者は、どうしても弱い立場になりがちです。どうすれば、生命や個人の尊厳を守り、家族も含めて幸せに暮らせる労働条件を確保することができるのでしょうか。

●働き方改革、ブラック企業、様々な雇用の形、ハラスメント、ジェンダー平等といった職場で起きている諸問題、会社再建、整理解雇、組織再編などの避けられない大きな変化とそれへの対応、そして働く者のよりどころである労働法と労働組合について取り上げます。さらにコロナ危機のもとで深刻化する労働問題についてもレポートします。

① 「働き方改革」が もたらすもの

最近、「働き方改革」という言葉をよく耳にします。過労死・過労自殺、非正規だから安い賃金、会社の都合ですぐに解雇される、これではまともな生活もできないし、結婚もできない、少子高齢社会の日本の将来、ますます暗くなるばかり。というわけで、この現状を変えようと法律を作ったのですが、これで明るくなるのでしょうか。

●「働き方改革」とは何か

　「働き方改革」という言葉が企業のCMのキャッチコピーにまで使われ、ブームになっています。こうまで広がってくると「働き方改革」とは何かが曖昧になってしまいますが、そもそもこれは安倍政権が出した「一億総活躍プラン」に端を発しています(2016年)。

　「一億総活躍プラン」ではその目的を次のように説明しています。今、日本は「少子高齢社会」となっていて、働き手の若年人口が減少し、高齢者が増加するので、日本経済は成長できなくなる、だからそれを打破するために老若男女すべての人が経済活動に参加して(=「一億総活躍」で)強い経済を作らなければならない、そのために「働き方改革」を進めていこう、およそこのようにいうのです。

　これからも経済成長し続ける必要があるのかどうかは意見が分かれるところですが、「一億総活躍」することを否定する必要はありませんし、むしろ歓迎すべきです。しかし「働きすぎ」「ハラスメント」「過労死・過労自殺」「非正規雇用」などの問題を考えると、何よりも働く人の「人権」という視点が必要です。「働き方」ではなく、企業による人権無視の「働かせ方」こそが問われるべきです。誰も好き好んで長時間、雇用不安、

図表1　働き方改革関連法1：労働時間法制の見直し

残業時間の上限規制	上限なし　⇒　原則：月45時間、年360時間
	例外：月100時間、複数月平均80時間
	違反した場合の罰則規定を明記
時間外手当の割増率	月60時間を超える残業の場合　25％増 ⇒ 50％増
勤務間インターバル	制度導入の努力義務
年次有給休暇	1人1年当たり5日間の休暇取得を企業に義務付け
高度プロフェッショナル制度の新設	

出典：筆者作成。

低賃金で働いているわけではありません。「働き方改革」ではなく、「働かせ方改革」が必要なのです。正規・非正規雇用の格差をなくす「働かせ方」、雇用不安がない「働かせ方」、「長時間労働」でない「働かせ方」、このようになってこそ「一億総活躍」ができるはずです。

● 「働き方改革関連法」

「働き方改革」のための法律は2018年6月に成立し、2019年から施行が始まりました。大きくいえば、①労働時間法制の変更、②正規と非正規雇用の格差是正、この二つから成っています。

まず労働時間についてです［→図表1］。これまで日本では残業時間の上限が規制されていませんでした。そのため諸外国に比べて時間外労働が異常に長いのですが、その上限を規制しようというわけです。また、残業で夜遅くなったら、翌日の仕事開始までの時間を一定時間空ける制度（勤務間インターバル）を設ける努力をすること、長時間残業の手当の割増率を引き上げること（1.5倍）、従業員の年次有給休暇取得を経営者に義務付けること、これらを通して長時間労働を解消していこうというわけです。

ただし、残念なことに、例外とはいえ、月100時間（複数月は平均で80時間）の時間外労働を認めているのです。月間80時間の時間外労働は過労死ラインとして国が認めているのに、法律上、そこまで働くことを容認

してしまったのです。もう一つ見逃せないのは高度プロフェッショナル制度の新設です。この制度は、特定の職種について、労働時間の規制、時間外手当支給規定、休日・深夜の割増手当の規定などを適用しない制度です。わかりやすくいえば、1日何時間働くのかを決めず、残業手当も支給しなくてもよいという制度です。長時間労働の解消といいながら、それを台無しにしてしまうようなやり方です。

次の「正規と非正規雇用の格差是正」ですが、ここでは均等待遇と均衡待遇という考え方がとられています[→図表2]。まったく同じ仕事である場合、正規と非正規の待遇格差を禁止するのが「均等待遇」、まったく同じではないけれど同じような仕事である場合、合理的でない待遇格差を禁止するのを「均衡待遇」といいます。さらに雇用形態の違いによる待遇の違いの理由をきちんと説明する義務を経営者に課しました。経営者は、賃金、福利厚生、教育訓練など待遇の一つひとつについて「均等待遇」と「均衡待遇」をしなければなりません。それだけでなく、待遇の違いの理由をきちんと説明することを義務付けたのです。

●ディーセント・ワークに向けて

このように、一定の改善が進むかもしれないという期待を持たせる内容があります。しかし、一歩踏み込んで見てみると、過労死ラインまで働かせることを容認したこと、際限なく働かせることができる制度を新設してしまったことなど、重大な問題もあります。何よりも法の規定そのものが曖昧で不十分さを残しています。この法案が国会で採決された日、傍聴席には、過労死の遺族が遺影を掲げて涙ながら抗議の意志を示す姿がありました。その涙を無駄にすることなく、改革が前進することを願いたいのですが、法律施行後の初となる最高裁判決では、格差是正を求める非正規労働者の訴えは認められませんでした（2020年10月13日）。

かつて「民主主義は工場の門前で立ちすくむ」といった学者がいました。労働現場での差別と権利侵害をいい表したものです。20年ほど前

図表2　働き方改革関連法2：正規と非正規雇用の待遇格差の是正

均衡待遇	賃金や一時金、手当といった一つひとつの待遇ごとに、**①職務内容、②職務内容・配置の変更範囲、③その他の事情の三つの考慮要素**を踏まえ、不合理な待遇差を禁止
均等待遇	**①職務内容、②職務内容・配置の変更範囲の二つの考慮要素**が同じ場合は、すべての待遇について差別的取り扱い禁止

考慮要素の具体的な内容とは？
①職務の内容……業務の内容・責任の程度
②食の内容および配置の変更範囲……転勤、昇進、人事異動など
③その他の事情……合理的な労使の慣行などの諸事情

出典：日本労働組合総連合会（連合）『同一労働同一賃金の法整備を踏まえた労働組合の取り組み』2019年より作成。

から、国際労働機関（ILO）はディーセント・ワーク（Decent Work）を活動の中心に掲げています。この言葉、「働きがいのある人間らしい仕事」と訳されていますが、もっとわかりやすくいうと「まともな仕事、まともに働く」という意味です。「働き方改革」はまさに日本におけるディーセント・ワークの実現であるはずです。

　企業側に求められるのは、単に法律を遵守するだけではなく、その法律が目的とする課題にもっと積極的に応えていくことです。そのためには、働くことをめぐる企業の社会的責任（＝労働CSR）を問い、それを最低限のルールとして企業活動に根付かせていくことが必要です。健全な企業経営は企業の存続のための必須条件であり、経営者の仕事です。労働者と労働組合、消費者、市民の社会的な監視が求められています。　　　　　　　　　　　　　　　　　　　　　　　　　　〈**黒田兼一**〉

[**参考文献**]

黒田兼一・守屋貴司・今村寛治編著［2009］『人間らしい「働き方」・「働かせ方」——人事労務管理の今とこれから』ミネルヴァ書房。

伍賀一道・西谷 敏・鷲見賢一郎・後藤道夫編著［2011］『ディーセント・ワークと新福祉国家構想——人間らしい労働と生活を実現するために』旬報社。

澤路毅彦・千葉卓朗・贄川俊［2019］『ドキュメント「働き方改革」』旬報社。

②　労働者を殺す
　　ブラック企業

徹夜につぐ徹夜の仕事で病気になって亡くなる人、有名企業に
就職できた新入社員が仕事に疲れて自ら命を絶つ。こんなこと
が信じられるでしょうか。残業を強制され、働いた分の賃金が
もらえない、授業があるのに無理に働かされるアルバイト、現
代版奴隷労働を強制する企業も実在します。まともな働き方に
するためにはどうしたよいのでしょうか。

●過労死・過労自殺

　2015年のクリスマス、大手広告会社の電通に4月に入社したばかり
の女性社員・高橋まつりさん（当時24歳）が社員寮から飛び降り自殺をし
ました（過労自殺）。10月以降、上司のパワーハラスメントもあって1か
月の残業は100時間を超え、長時間労働によるうつ病が原因でした。
電通では、1991年にも、長時間労働とパワハラで男性の過労自殺があり、
さらに2013年にも男性社員が過労死しており、会社ぐるみの事件だと
いわれています。

　「過労死」は1980年代後半から社会問題化してきました。この言葉自
体は日本で生まれた新語ですが、今や"KAROSHI"は国際的にも通用
する言葉となっています。不名誉なことですが、労働時間が諸外国に
比べて長いこと、それも残業が異常に多いこと、さらに過大なノルマ（成
果）の達成を上司から厳しく指示されることも大いに関係しています。

　図表1は、過労による疾患や障害で労働災害に申請した件数です。こ
の数値はあくまでも労働基準監督署に申請したものだけで、申請しな
かったケースもあるので、実数としてはもっと多いはずです。また
2007年以降は精神障害に関わる件が多く、しかもそのほとんどは20代、

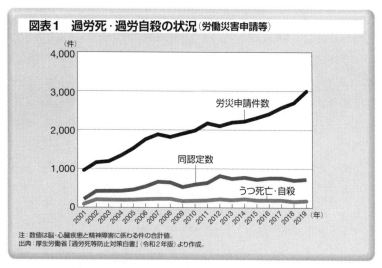

図表1　過労死・過労自殺の状況（労働災害申請等）

（件）

- 労災申請件数
- 同認定数
- うつ死亡・自殺

注：数値は脳・心臓疾患と精神障害に係わる件の合計値。
出典：厚生労働省『過労死等防止対策白書』（令和2年版）より作成。

30代で、高橋まつりさんは決して例外ではありません。

●ブラック企業

　日本の企業をめぐる暗い現象は過労死だけではありません。「ブラック企業」がそれです。この言葉の起源は定かではありませんが、今野晴貴によると、2000年代の半ばにIT労働者たちが使い始めたといいます。IT企業は35歳前後で「使い捨てる」から「ブラックじゃないか」と。

　そこから「違法な労働条件で若者を働かせる企業」というイメージが広がったのですが、ブラック企業は単に違法に働かせるだけではありません。過大なノルマ、ハラスメントと差別など、あらゆる手段を使って労働者を「使い捨てる」企業のことであると今野は力説します。「使い捨てられる」のは中高年も例外ではありませんが、主なターゲットは若者です。近年は学生のアルバイトにまで広がり、「ブラックバイト」等と呼ばれています。

　ブラック企業はどのくらいあるのでしょうか。政府・厚生労働省は、「過労死等ゼロ」対策の一環として、労働基準関係法令違反の企業名を公表し、毎月ホームページに掲載しています。掲載期間が1年となって

いますが、2018年4月1日〜2019年3月31日に公表された企業は1,685社、2018年6月1日〜2019年5月31日で1,730社、最新の2019年11月1日〜2020年10月30日公表分では429社となっています。企業名の公表が奏功したのか、4分の1にまで減少したのですが、この数値も労基署に訴えた事例のみであるので、実態を反映しているとはいえません。違反の中身は、残業を含む違法な長時間労働の強制、残業代未払い、最低賃金法違反などです。

このように見てくると、ブラック企業は過労死・過労自殺を生む温床であるといえます。働く人々の命と健康に関わる問題でもあるわけですから、ゼロになるまで一掃することが必要です。

ブラック企業の一掃を目指し、悪質な企業を社会的に告発するという意味を込めて、市民団体が毎年「ブラック企業大賞」を選考して発表しています。**図表2**がこれまで「受賞」した企業の一覧です。ブラック企業とは無縁と思われる有名企業が並んでいますが、選考委員会が「大賞」を選べなくなる日が1日も早く来ることを願わざるをえません。

●企業の社会的責任と労働法

それではどうすればよいのでしょうか。何よりも企業自身が社会的ルールに即して行動しないと生き残れない社会環境を作り出すことが肝要です。その一事例にすぎませんが、世界最大のシューズメーカー・ナイキ社がベトナムで低賃金と長時間労働を強制していたことが明るみとなり、世界中で不買運動が起こりました。ブランドイメージが失墜したナイキは「企業の社会的責任」（CSR：Corporate Social Responsibility）を宣言し、労働環境の整備を約束しました。これですべて解決したわけではありませんが、CSRという考え方が広く知られる契機となりました。

企業は市場で利潤獲得の競争をしています。競争が激しくなると、多くの企業は、手っ取り早く、賃金を下げ、長時間働かせようとしがちです。これが野放しに進んでしまうと、多くの労働者は貧困化し、それに伴って需要が減少するので、在庫が膨らみ、やがて企業も赤字に

図表2　ブラック大賞企業一覧

第1回（2012年）	東京電力
第2回（2013年）	ワタミフードサービス
第3回（2014年）	ヤマダ電機
第4回（2015年）	セブン-イレブン・ジャパン
第5回（2016年）	電通
第6回（2017年）	引越社
第7回（2018年）	三菱電機
第8回（2019年）	三菱電機

転落しかねません。結局は、国全体の経済が立ち行かなくなります。こうした事態を避けるためには、一定のルール（規則）を設けて、そのルール上での競争にしていく必要があります。働くこと・働かせることをめぐる社会的ルール（法律）を総称して労働法と呼んでいます。

　労働法にはたくさんの法律がありますが、公正な働かせ方の最低限のルールを決めているのが「労働基準法」です。また最低限の賃金を規定している「最低賃金法」、男女の均等な雇用機会と待遇、セクハラ禁止と防止を規定した「男女雇用機会均等法」、さらに過労死防止対策を義務付けた「過労死等防止対策推進法」、パワハラ防止と対策強化を義務付けた「労働施策総合推進法」（=パワハラ防止法）などがあります。

　もちろん法律があれば過労死やブラック企業がなくなるわけではありません。企業にこうした法律を遵守させ社会的責任を果たさせていくためには、労働者や労働組合、市民の厳しい監視が必要です。

〈**黒田兼一**〉

［**参考文献**］
高橋幸美・川人博［2017］『過労死ゼロの社会を——高橋まつりさんはなぜ亡くなったのか』連合出版。
今野晴貴［2012］『ブラック企業——日本を食いつぶす妖怪』文藝春秋。

③ 企業に搾取される非正規雇用

非正規というと何だか「補欠」とか「2軍」というイメージがありますが、非正規雇用と呼ばれる人々が急増しています。同じ仕事をしているのに、正規だから賃金が高く、非正規だから賃金が低い。なぜでしょうか。学者もその根拠を示せません。根拠がないからです。根拠のない格差は直していかねばなりません。ここではその問題を考えます。

●非正規雇用とは何か

正規雇用とか非正規雇用という言葉を聞いたことがあるはずですが、多くの皆さんはアルバイトの方が馴染み深いでしょう。社長や経営者を除けば、企業で働く人たちの呼び名は、このほかに、正社員と非正社員、パートタイマー、派遣、契約社員、嘱託、請負などたくさんあります。正規雇用（正社員）以外は、例えば3か月とか1年とか、多かれ少なかれ期間を決めて雇われています。雇われ方で分類してみると、雇用期間が決められていない長期雇用の正規雇用（正社員）と、有期雇用契約の2種類になります。この後者を一括して非正規雇用と呼んでいます。

資産もないほとんどの国民は、企業に雇われて働き、賃金を得て生活します。これを労働者といい、これまで通常は、特定の企業に定年までの長期間勤め続けます。日本では企業の側も、学校を出てすぐの若い人を雇って、企業内で仕事を覚えさせ、いろいろ体験させて職業能力をつけさせようと長期雇用を前提として採用してきました。ただ仕事が急に増えて従業員だけではこなせなくなったとき、家庭の主婦や学生たちで補っていました。繁忙期の一時的・臨時的な補充でしたが、いつの間にか「非正社員」とか「非正規雇用」と呼ぶようになったのです。

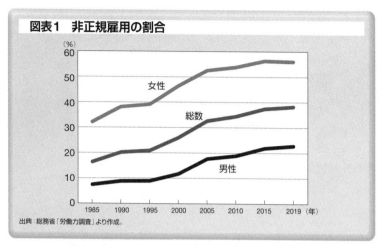

図表1 非正規雇用の割合

(%)

女性
総数
男性

出典：総務省「労働力調査」より作成。

1985　1990　1995　2000　2005　2010　2015　2019 (年)

　このように非正規雇用はもともと一時的・臨時的なものでしたが、お
よそ1980年代半ばからどんどん増えてきました。**図表1**は非正規雇用
者の割合を示したものです。右肩上がりで増えており、特に2003年以
降、半数以上が非正規で働いているのです。

　ところでこれらの数値には、フリーランスと呼ばれている人たちは入
っていません。彼らは雇われているのではありません。企業に縛られる
ことなく、いつでも好きなときに好きなだけ稼げるとして若い人には人
気があるようです。皮肉ないい方ですが、労働者ではない「個人事業主」
ですから、最低労働条件として規定されている労働基準法や最低賃金
法が適用されないのです。どう考えてもおかしいのですが、現代社会
の深刻な矛盾です。

●どうして非正規を雇用するのか

　企業が非正規雇用を日常的・積極的に雇うようになったのには理由
があります。日経連（現・経団連）は1995年に「雇用ポートフォリオ」とい
う人事戦略を出しました。激化する市場競争に企業が勝ち抜いていく
ためには、従来の正規雇用の従業員だけでは困難で、賃金の安いパー
トタイマーや派遣労働者、そして特定の専門能力が高い人材を、必要

なときに必要な人数を柔軟に（つまりいつでも解雇できるように）活用していかねばならないというものでした。これが一つのきっかけとなって、多様な人材を非正規で積極的に活用するようになったのです。

　厚生労働省の調査によれば、企業が非正規を活用する理由は、「賃金の節約のため」(38.8%)、「仕事の繁閑に対応するため」(33.4%)、「即戦力の人材の確保のため」(31.1%)、「専門的業務に対応するため」(27.6%)などとなっています。

●非正規雇用の労働条件

　そもそも非正規雇用は雇用期間が決められているので雇用が不安定です。また賃金や処遇の低さも歴然としています。厚生労働省の統計データ(2019年)を見てみると、正規雇用を100とすれば非正規雇用は65です。ただし、これらは毎月支払われる賃金の比較で、ボーナスや各種の手当てを含めると格差はさらに広がります。また、非正規雇用の場合は退職金や社宅・寮等の企業内福祉制度が適用されていないなど、外部からは見えない格差もあります。

　ところで、**本章2**で見たように、働く人々を守るための法律がありますが、「最低賃金法」もその一つです。きちんと仕事をしているのに最低限の生活すら困難な人々をワーキング・プアと呼びますが、こうした事態を防ぎ「労働者の生活の安定」のための法律です。いかなる企業であろうと、いかなる職種であろうと、これを下回る賃金は許されません。

　図表2は2019年の全国の最低賃金の一覧です。図表からわかるように、日本の最低賃金は地域別に決められています。地域ごとの物価水準が違うことが理由とされていますが、例えば、都会では地代が高いので住宅費は高いけれど、地方では交通機関が少ないので自家用車が必要不可欠であるなど、現代の生活の実態にあっていないとの批判があります。

　非正規雇用の最大の問題は、何年働いても雇用が不安定だということでした。これが、5年を超えて雇用が継続されたら「無期雇用」にかえ

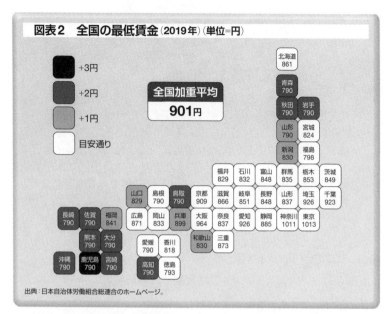

図表2 全国の最低賃金(2019年)(単位=円)

出典:日本自治体労働組合総連合のホームページ。

ることを義務付けるように法改正されました(労働契約法、2013年)。また賃金についても、**本章1**で見たように格差を是正する法律もできました。しかし、これらの法律のねらいどおりになるのかどうかは予断を許しません。

3年ほど前ですが、電車の車内広告にこんなものがありました。「お父さん、お母さん、今までありがとう。正社員になったよ」「来月、私は正社員になります。初任給で一緒に飲みに行こう」。ある人材会社の宣伝ですが、何ともやりきれない気分になります。社会全体が本気になって抜本的な改善に乗り出すべきときが来ています。〈黒田兼一〉

[参考文献]

森岡孝二[2015]『雇用身分社会』岩波書店。

門倉貴史[2006]『ワーキングプア──いくら働いても報われない時代が来る』宝島社。

後藤道夫・中澤秀一・木下武男他編[2018]『最低賃金1500円がつくる仕事と暮らし──「雇用崩壊」を乗り越える』大月書店。

④ コンビニオーナーを追い込む「会計の罠」

近くて便利、食品をはじめ生活に必要なものが一通りそろう24時間年中無休のコンビニエンスストアは、私たちの暮らしになくてはならないものになりました。コンビニ店のほとんどは、例えばセブン-イレブン・ジャパンなどのコンビニ本部の直営店ではなく、本部とフランチャイズ契約を結ぶ加盟店で、厳しい契約条件になっています。

●コンビニのフランチャイズ

　日本では、フランチャイズが最も発展したのがコンビニエンスストアです。フランチャイズ運営者が加盟者に商標の利用権、商品やサービス、ノウハウやサポート（まとめてフランチャイズパッケージと呼びます）を提供しています。自社ブランドでビジネスを営む加盟者に対価（ロイヤリティ）を払ってもらいます。

　コンビニでは、セブン-イレブンなどの商号、棚に並べる商品や多様なサービス、会計や発注のシステム、経営指導などがフランチャイズパッケージにあたり、加盟店は代価としてロイヤリティを払います。夫妻など親族2名での契約が基本で、契約期間は7〜15年ほどです。当初は酒屋さんなどがコンビニに替わるケースが多かったのですが、最近では土地も建物も持たない会社員出身者が増えています。

●経産省検討会の問いかけ

　コンビニ加盟者は契約上「独立事業者」とされ、オーナーと呼ばれます。たしかに十数人ほどアルバイトは雇いますが、オーナー夫妻もレジに立ち品出しや発注、掃除に精を出す店がほとんどです。2019年には、「このままでは過労死してしまう」と夜間閉店に踏み切った大阪市のコ

ンビニオーナーの行動がきっかけで「24時間年中無休の是非」にスポットが当たりました。経済産業省の調査でも経営が厳しい加盟店が多い実態が浮かびます。同省の「新たなコンビニのあり方検討会」は多数の加盟店からヒアリングをし、2020年2月、「24時間営業や休日のあり方については、店舗の実情に応じた柔軟な対応を認めることが検討されるべきではないか」と報告書で問いかけました。

●壁につきあたる大量出店

コンビニ加盟店オーナーの過労死すれすれの長時間労働は、24時間年中無休を義務付けているコンビニ・フランチャイズ契約だけの結果ではありません。市場の飽和と人手不足という経営環境の変化と、特有の会計の仕組みが加盟店に不利益になっているというコンビニ会計の問題があります。

1990年には約1万7,000店だったコンビニは2000年には約3万8,000店、2020年には約5万6,000店まで増えてきました。セブン-イレブン、ファミリーマート、ローソンという大手3チェーンが大量出店を続けてきたからですが、その結果、都市部を中心に駅の近くに何店もコンビニが乱立するようになり、市場が飽和してしまいます。同じチェーンのコンビニが近くに出店したため、既存店の売り上げが下がってしまうのも日常茶飯で、加盟店にはドミナントへの不満がくすぶっています。市場飽和、売り上げ頭打ちへの対応として、コンビニ各社がサービスを増やしたため、「コンビニの仕事は時給の割に面倒」と評判になり、かつてはアルバイトの主役だった学生の人気も下がりました。

●買掛から金利、粗利水増し

そうした経営環境に加えて加盟店を苦しめるのがコンビニ特有の会計であり資金管理です。小売業は日銭が入るので資金繰りは比較的楽ですが、コンビニは売上の全額を毎日本部に送金しなければならないため、手元にキャッシュがない状況に置かれます。そのうえで、自己資本を超える仕入はオープンアカウントと称する本部からの与信(借金)

で充当したと記帳されます。与信には金利がかかります。

　売上から売上原価（小売では仕入代金）を引くと粗利になります。コンビニ・フランチャイズでは、粗利を、例えば「本部6割、加盟店4割」と分け合います（粗利分配方式）。それはいいのですが、本部は自分の取り分を増やすため、粗利を水増しする会計操作をしています。通常は「粗利＝売上－売上原価」ですが、コンビニでは「水増し粗利＝売上－（売上原価－売れ残りの原価）」と計算します。売れ残った商品の原価を売上から引かない結果、粗利が膨らみ、同じ6割でも本部の取り分も増えます（→**図表1**。図表の例では一般的な会計での本部の取り分は5万円×60％＝3万円。コンビニ会計では9万円×60％＝5.4万円で、取り分が2.4万円増える）。この会計操作は付加価値を生まないので、本部の取り分増2.4万円はそっくり加盟店の損失になります（図表の例では、一般の会計だと加盟店に残る粗利は5万円×40％＝2万円。コンビニ会計では9万円×40％＝3.6万円で1.6万円増えるが、売れ残りの原価4万円があとから引かれるため、1.6万円－4万円＝2.4万円の損失となる）。この、本部の取り分を増やす粗利水増しが（狭義の）コンビニ会計です。

　もう少し広く見ると、「毎日送金義務によるキャッシュの移転→通常の小売店では『買掛』にあたるものの『与信』化→粗利水増しによるロイヤリティ水増し」の全体が、特殊な会計の仕組みにも見えます。こうした会計の仕組みによって本部は加盟店から高収益を上げています。

● 「働き方改革」の時代に

　コンビニ本部と加盟店との間で使う会計は内部の会計ですから金融商品取引法にはふれません。粗利を水増ししても当期純利益は変わらず納税額も同じなので、税務署も気にしません。裁判所は今のところ「本部と加盟店との間に合意があった」という理由で、この特殊な会計方式とそれに基づく本部の高収益を違法ではないと判断しています。

　コンビニは当初、街の零細商店に大きなイノベーションをもたらしました。高いロイヤリティはその代価だったともいえます。しかし時代は変わり売上はもう伸びません。アルバイトのシフトを減らしてオーナー

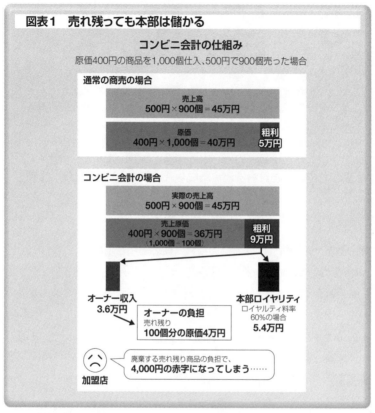

図表1　売れ残っても本部は儲かる

コンビニ会計の仕組み

原価400円の商品を1,000個仕入、500円で900個売った場合

通常の商売の場合

売上高
500円×900個＝45万円

原価
400円×1,000個＝40万円

粗利
5万円

コンビニ会計の場合

実際の売上高
500円×900個＝45万円

売上原価
400円×900個＝36万円
（1,000個－100個）

粗利
9万円

オーナー収入
3.6万円

オーナーの負担
売れ残り
100個分の原価4万円

本部ロイヤリティ
ロイヤリティ料率
60%の場合
5.4万円

廃棄する売れ残り商品の負担で、
4,000円の赤字になってしまう……

加盟店

夫妻が「無償労働」をすることで、何とかお店に利益を残す——。本部と加盟店との特殊な会計の仕組み、利益配分方式がオーナー夫妻を過労に追い込んでいるのだとすれば、働き方改革の時代にそぐいません。

　コロナ禍のもとでもコンビニはほぼ通常営業を続け、私たちの生活を支えてくれました。「近くて便利」だからこそ、利益配分の見直しも含め、持続可能性の確保が求められています。　　　　　　　〈北 健一〉

［参考文献］

コンビニ加盟店ユニオン・北健一［2018］『コンビニオーナーになってはいけない——便利さの裏側に隠された不都合な真実』旬報社。

5 ウーバーイーツは「便利で自由」?

インターネット上の仕組みを用い、サービス利用者と労務提供者とをつなぐことで稼ぐビジネス（シェアリングエコノミー、ギグエコノミー）が成長しています。その代表格がウーバーやウーバーイーツ。新しい働き方としても注目されていますが、弊害も目立ってきました。労働組合結成や法規制の動きも広がっています。

●労働法・労働者向け保険は適用外、報酬も引き下げ

新型コロナ感染症が拡がった際、サービスとしても働き方としても注目されたのがスマートフォンを活用した飲食宅配サービス、ウーバーイーツです。

日本でウーバーイーツを運営するのはウーバージャパンで、本社はアメリカのウーバー社です。ウーバーは、自家用車を持つドライバーと乗客とをアプリでつなげる配車サービス（ライドシェア）の大手です。タクシーと似ていますが、大きな違いはドライバーを雇用しないこと。最低賃金も残業代も社会保険もなく、タクシー会社より人を安く使えます。人件費のカットを武器にダンピング競争を仕掛け、タクシーからシェアを奪ってきました。

ウーバーなどライドシェアは人を運びますが、日本では原則として違法です。人の代わりに料理を運ぶのがウーバーイーツで、そのしくみは**図表1**のとおりです。近所のレストランの料理を自宅で食べたいと思った利用者はスマホなどからウーバーイーツに連絡（①）するだけ。待っていると、自転車（バイクのことも）に乗った配達員が四角くて大きい黒いバックを担いで、料理を自宅まで運んでくれます（④）。自転車に乗った

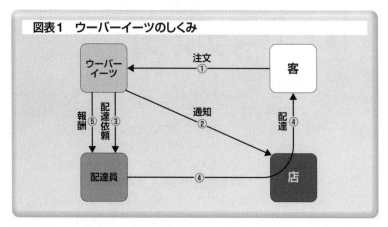

図表1　ウーバーイーツのしくみ

配達員は、仕事ができる時間に専用アプリを立ち上げ、街中などで待っています。注文が入るとウーバーイーツは近くにいる配達員に依頼（③）、配達員はレストランに行って料理を受け取りお客に届け（④）、ウーバーイーツから報酬を受け取ります（⑤）。

そば屋の出前と同じく、食べたい料理が自宅で食べられるのがお客のメリットです。レストランなど飲食店は、店で料理を出すだけより売上増が望めます。配達員は、好きな時間に働けます（アプリをオン、オフするのは自由）。

いいことずくめのようですが、問題もあります。ウーバー運転手と同じくウーバーイーツ配達員も「雇用でない」とされるため、労働法や労働者向け保険が適用されないのです。2019年11月には、報酬を一方的に引き下げました（雇用なら賃金はそう簡単には下げられませんが、ウーバーは世界的にシェアが拡がると報酬を突然下げることを繰り返しています）。

ライドシェアで働く運転手の組合結成やストライキが相次ぎ、日本のウーバーイーツでもユニオンが結成されました（その後、仕事でのけがへの部分的補償ができました）。ライドシェア規制を強める国も増えています。働く人を使い捨てるようなことを続けるビジネスの前途は厳しそうです。

〈北 健一〉

⑥ 企業における ハラスメント

ハラスメントとは、簡単にいえば、「いじめ」や「嫌がらせ」のこと。職場では、「セクハラ」や「パワハラ」などをはじめとしたハラスメントの問題が、大きく顕在化しています。ハラスメントは、正常な業務に支障をきたすだけでなく、受け手の人格や尊厳を大きく傷つける人権問題です。企業は、解決しなければならない喫緊の課題として、この問題に取り組んでいます。

●職場におけるハラスメント対策の重要性

　2019年6月、国際労働機関(ILO)総会において、「仕事の世界における暴力及びハラスメントの撤廃に関する条約」(ILO190号条約)および勧告が採択されました。同条約は「暴力及びハラスメント」について、「単発的なものか反復的なものであるかを問わず、身体的、精神的、性的又は経済的害悪を与えることを目的とした、又はそのような結果を招く若しくはその可能性のある一定の許容できない行為及び慣行又はその脅威をいい、ジェンダーに基づく暴力とハラスメントを含む」と定義し、仕事の世界における暴力とハラスメントの防止および根絶のために、ハラスメントを定義し禁止する法令の制定などを批准国に求めています。

　日本政府は、同条約の採択に賛成票を投じる一方、批准については未定としています。日本においても、職場におけるハラスメントの問題は近年、相談件数の増加や事業主の防止措置義務の法制化など、その重要性を増しています。

●相談件数の推移

　2019年度に都道府県労働局に寄せられたセクシュアルハラスメント

に関する相談件数は7,323件、婚姻・妊娠出産等を理由とする不利益取り扱いに関する相談件数は4,769件となっています。

一方、都道府県労働局等に設置されている総合労働相談コーナーに寄せられる「いじめ・嫌がらせ」に関する相談は年々増加しており、2019年度は8万7,570件（個別労働紛争の相談のうち25.5%、対前年度比5.8%増）となり、8年連続トップを維持しています。

●ハラスメントを受けたことによる影響

ハラスメントを受けたことがある人に、ハラスメントを受けたことでどのような生活上の変化があったか聞いたところ、「仕事のやる気がなくなった」「心身に不調をきたした」「仕事を辞めた・変えた」など、仕事上や心身の健康への悪影響があることがわかります。また、「夜、眠れなくなった」「自分が価値のない存在になったと感じた」など、ハラスメントは受け手の人格を深く傷つけることがわかります。

このようなハラスメントが受け手に与える影響を考慮すると、ハラスメントを放置することは、企業にとっても人材流出のリスクや安全配慮義務違反などの法的責任に発展しうる問題であるといえます。

●事業主のハラスメント防止措置義務：セクハラの場合

雇用の分野における男女の均等な機会及び待遇の確保等に関する法律（以下「均等法」）11条は、セクハラについて、**図表1**のように定義しています。

均等法11条は、これらのセクハラを防止するため、労働者からの相談に応じ、適切に対応するために必要な体制の整備など、雇用管理上必要な措置を講ずることを事業主に義務付けています。セクハラ指針は、事業主が取るべき雇用管理上の措置として以下の10項目を定めています［→**図表2**］。

当事者（労働者および事業主）は、都道府県労働局長による紛争解決の援助（均等法17条）および紛争調整委員会による調停（同法18条）を求めることができます。厚生労働大臣は、同法違反となる事実の有無を確認する

図表1　均等法11条におけるセクハラの定義

①労働者の意に反して性的な言動が行われ、それを拒否するなどの対応により解雇や不利益な配置転換、降格などの不利益を受けること(対価型セクハラ)。

②性的な言動により就業環境が不快なものとなったため労働者の能力発揮と悪影響が生じること(環境型セクハラ)。

図表2　均等法11条が定めるセクハラ防止のための指針

①職場におけるセクシュアルハラスメントの内容及び職場におけるセクシュアルハラスメントがあってはならない旨の方針を明確化し、管理・監督者を含む労働者に周知・啓発すること。

②職場におけるセクシュアルハラスメントに係る性的な言動を行った者については、厳正に対処する旨の方針及び対処の内容を就業規則その他の職場における服務規律等を定めた文書に規定し、管理・監督者を含む労働者に周知・啓発すること。

③相談窓口をあらかじめ定め、労働者に周知すること。

④相談窓口の担当者が、相談に対し、内容や状況に応じて適切に対応できるようにすること。

⑤事案に係る事実関係を迅速かつ正確に確認すること。

⑥事実関係が確認できた場合には、速やかに被害者に対する配慮のための措置を適正に行うこと。

⑦事実関係が確認できた場合には、行為者に対する措置を適正に行うこと。

⑧再発防止に向けた措置を講ずること。

⑨相談者・行為者等のプライバシーを保護するために必要な措置を講ずるとともに、その旨を労働者に対して周知すること。

⑩相談したこと、事実関係の確認等に協力したことなどを理由として、解雇その他不利益な取扱いをされない旨を定め、労働者に周知・啓発すること。

にあたり、事業主に対し報告を求めることができ、また助言、指導もしくは勧告といった行政指導の権限を有します(同法29条1項)。勧告を受けた事業主がこれに従わなかったときは、企業名を公表することができるとされています(同法30条)。また、厚生労働大臣が事業主に対して報告を求めたにもかかわらず報告をせず、または虚偽の報告をした場合には、20万円以下の過料に処せられます(同法33条)。

●事業主のハラスメント防止措置義務：パワハラの場合

2019年5月、労働施策の総合的な推進並びに労働者の雇用の安定及

図表3　パワハラ指針におけるパワハラの定義

①身体的な攻撃（暴行・傷害）

②精神的な攻撃（脅迫・名誉毀損・侮辱・ひどい暴言）

③人間関係からの切り離し（隔離・仲間外し・無視）

④過大な要求（業務上明らかに不要なことや遂行不可能なことの強制、仕事の妨害）

⑤過小な要求（業務上の合理性なく、能力や経験とかけ離れた程度の低い仕事を命じることや仕事を与えないこと）

⑥個の侵害（私的なことに過度に立ち入ること）

び職業生活の充実等に関する法律（以下「労働施策総合推進法」）が改正されました。同法30条の2は、パワハラとは「職場において行われる優越的な関係を背景とした言動であって、業務上必要かつ相当な範囲を超えたものによりその雇用する労働者の就業環境が害される」ことと定義し、事業主に防止措置義務を課しています。同条第3項に基づく指針（以下「パワハラ指針」）において、パワハラの典型例としての6類型が**図表3**のとおり定められています。

なお、これらはパワハラの典型例を定めたものにすぎず、これらの類型に該当しないからといってパワハラに該当しないと判断されるものではなく、具体的事案に即して判断することが必要です。

事業主は、これらのパワハラを防止するため、労働者からの相談に応じ、適切に対応するために必要な体制の整備その他雇用管理上必要な措置を講ずる義務を負います（大企業は2020年6月1日から適用、中小企業は2022年4月1日から適用）。パワハラ指針は、事業主が取るべき雇用管理上の措置として、セクハラ指針とおおむね同様の内容の10項目を定めています。

また、均等法と同様、都道府県労働局による紛争解決の援助（労働施策総合推進法30条の5）および紛争調整委員会による調停（同法30条の6、7）の制度もあります。厚生労働大臣の事業主に対する報告の徴収（同法36条1

項）、助言、指導もしくは勧告の権限（同法33条1項）、勧告に従わなかった事業主の企業名公表（同法33条2項）および報告義務の懈怠ないし虚偽の報告に対する20万円以下の過料についても同様です（同法41条）。

●事業主が行うことが望ましい取り組みの内容

(1) 相談窓口の一元化

職場におけるハラスメントは、複合的に生じることが想定されることから、事業主は、例えばセクハラ等の相談窓口と一体的にパワハラの相談窓口を設置し、一元的に相談に応じることのできる体制を整備することが望ましいとされています。

(2) 自ら雇用する労働者以外に対するハラスメントや第三者から受ける ハラスメントへの配慮

事業主は、自ら雇用する労働者が他の労働者に対して行う言動のみならず、派遣労働者など直接雇用していない労働者や求職者、他の事業主が雇用する労働者に対する言動、個人事業主やインターンシップを行っている者などの労働者以外の者に対する言動についても配慮する必要があります。また、取引先等の他の事業主が雇用する労働者または他の事業主からのハラスメントや顧客等からの著しい迷惑行為についても、相談体制の整備などの取り組みを行うことが望ましいとされています。

●民事上および刑事上の責任

(1) セクハラ

行為者は、被害者の性的自己決定権や人格権等を侵害したことに対し、民法709条に基づく損害賠償責任を負います。株式会社の代表取締役等の役員が行為者の場合には、役員等の第三者に対する損害賠償責任を定めた会社法429条1項に基づく賠償責任を負うことも考えられます。

使用者は、民法715条に基づく使用者責任および会社法350条に基づく責任を負うだけでなく、均等法上のセクハラ防止措置義務に違反

し、適切な対応を取らず、職場環境維持・調整義務を懈怠したことをもって、使用者独自の不法行為責任を問われた裁判例もあります。また、これを使用者の労働契約上の付随義務として構成し、債務不履行（民法415条）に基づく損害賠償請求として認容した裁判例もあります。ハラスメントの防止措置の重要性が高まっているなかでは、使用者独自の不法行為責任や債務不履行責任を問う流れはますます強まると思われます。

また、身体的接触を伴うセクハラの場合、行為者は、強制わいせつや強制性交、強要などの罪に問われる可能性があります。性的発言や噂の流布行為については、名誉毀損や侮辱罪の成否が問題となります。

(2) パワハラ

パワハラについても同様に、行為者は、被害者の人格権等を侵害したことに対し不法行為（民法709条）ないし役員の第三者に対する賠償責任（会社法429条1項）に基づく損害賠償責任を負います。使用者もこれに対する使用者責任（民法715条）および会社法350条に基づく責任を負います。また、使用者は雇用契約上の安全配慮義務を負い（労働契約法5条）、職場のおけるいじめやパワハラ防止について債務不履行責任を構成して損害賠償責任を認めた裁判例があります。労働施策総合推進法に基づき事業主のパワハラ防止措置義務が定められたことに伴い、今後は、事業主が職場の安全配慮義務を尽くしていなかったことに基づき債務不履行責任を認める裁判例が増えていくでしょう。

行為者は、行為態様によって、名誉毀損、脅迫、強要、暴行ないし傷害の罪に問われる可能性があります。

●懲戒処分

使用者は、就業規則に懲戒処分の種類および懲戒事由、懲戒の手続きについて定めたうえで、ハラスメント行為者に対して懲戒処分を行うことが必要です（指針にも「事実関係が確認できた場合には、行為者に対する措置を適正に行うこと」とあります）。

〈細永貴子〉

遅れている日本企業のジェンダー平等

職場における女性への差別待遇の禁止を目的とした「男女雇用機会均等法」が施行（1986年）されてから、すでに35年が経ちました。しかし職場での男女平等の実現は、まだ道半ばです。女性は依然として、非正規雇用や低賃金労働、管理職登用の難しさなどにさらされているのが現状です。加えて、家事・育児の男女間の平等な分担も大きな課題だといえるでしょう。

●日本におけるジェンダー・ギャップ

大学入試において女性の受験者を一律に減点するという「入試差別」が、東京医科大学などの大学で行われてきたことが明らかになりました。このように日本には、いまだに多くの性別による格差（「ジェンダー・ギャップ」）があります。ここでは、日本の企業とそれを取り巻く社会のなかで女性が置かれている位置について見ていきましょう。

世界経済フォーラムは毎年、各国の男女格差を指数化したジェンダー・ギャップ指数を発表しています。この指数は、経済、政治、教育、健康の四つの分野のデータから作成され、0が完全不平等、1が完全平等を示しています。

図表1は日本のジェンダー・ギャップ指数と順位です。2021年の日本の順位は153か国中120位と、日本のジェンダー・ギャップは深刻です。なかでもジェンダー・ギャップが大きいと指摘されているのが、経済分野と政治分野です。経済分野では、「男女間の賃金格差」「管理職の男女差」「専門職・技術職の男女比」のスコアがいずれも100位以下と、世界平均を大きく下回っています。政治分野では、「国会議員の男女比」が135位、「女性閣僚の比率」が139位と、意思決定への参画やリーダ

分野	2021年・スコア (順位)	2020年・スコア (順位)
経済	0.604 (117位)	0.598 (115位)
政治	0.061 (147位)	0.049 (144位)
教育	0.983 (92位)	0.983 (91位)
健康	0.973 (65位)	0.979 (40位)

一層の男女比において女性の存在が際立って低いのが現状です。

●日本の女性労働者の現状

　統計から日本のジェンダー・ギャップの現状を確認しましょう。非正規雇用労働者の割合を見ると、2019年時点で女性は56.0%、男性は22.8%と男女間で大きな差があります。また、「平成30年民間給与実態統計調査結果」によると、給与所得者の平均給与は441万円ですが、これを男女別に見ると、男性545万円、女性293万円（うち正規386万円、非正規154万円）です。年収200万円以下の比率も、女性38.8%、男性9.9%と大きな開きがあります。女性の多くが非正規・低賃金での就労をしている実態がわかります。

　管理的職業（企業の課長相当職以上）に従事する女性労働者の割合は14.6%にすぎず、アメリカ36.3%、フランス34.5%、イギリス36.3%などと比較してかなり低い水準です［→**図表2**］。また、係職級（18.3%）・課長級（11.2%）・部長級（6.6%）と上級の役職になるほど女性比率が低くなっていきます。昇進などの面でも大きな格差があるのが現状です。

●「日本型雇用」における女性の立ち位置

　なぜこのような格差が生まれ、維持されてしまったのでしょうか。これには、企業社会のなかで、女性がどのように位置付けられてきたかが大きく関わっています。1950年代以降広まったとされる「年功賃金」や「長期雇用」といった日本企業に独特の雇用慣行は「日本型雇用」と称されます。しかしその対象は多くの場合、「大企業」「男性」「正社員」の

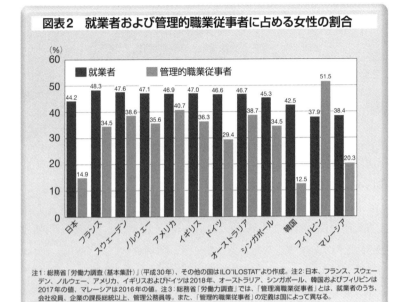

図表2　就業者および管理的職業従事者に占める女性の割合

（％）

就業者　　管理的職業従事者

	就業者	管理的職業従事者
日本	44.2	14.9
フランス	48.3	34.5
スウェーデン	47.6	38.6
ノルウェー	47.1	35.6
アメリカ	46.9	40.7
イギリス	47.0	36.3
ドイツ	46.6	29.4
オーストラリア	46.7	38.7
シンガポール	45.3	34.5
韓国	42.5	12.5
フィリピン	37.9	51.5
マレーシア	38.4	20.3

注1：総務省「労働力調査（基本集計）」（平成30年）、その他の国はILO"ILOSTAT"より作成。注2：日本、フランス、スウェーデン、ノルウェー、アメリカ、イギリスおよびドイツは2018年、オーストラリア、シンガポール、韓国およびフィリピンは2017年の値、マレーシアは2016年の値。注3：総務省「労働力調査」では、「管理的職業従事者」とは、就業者のうち、会社役員、企業の課長相当以上、管理公務員等。また、「管理的職業従事者」の定義は国によって異なる。
出典：内閣府男女共同参画局「男女共同参画白書」。

みに限られてきました。女性は結婚したら退社し、その後は家事やコストの安いパートタイム労働等で正社員の男性を補助する存在と見なされ、「日本型雇用」の対象外とされてきました。

　日本の大企業は、「職務内容」「勤務地」「労働時間」を無限定に働かせることのできる労働力として男性正規社員を利用してきました。しかし、それは家事・育児・親の介護などの家庭内労働を、働く男性の妻が担うことで初めて成り立つものでした。

● **「均等法」と「コース別人事制度」**

　国際的な男女差別解消の流れを受け、1986年に施行された「雇用の分野における男女の均等な機会及び待遇の確保等に関する法律」は、募集・採用・昇給・昇進・教育訓練・定年・退職・解雇などの面で性別を理由とした差別を禁止するものでした。しかしながら、企業は募集の段階で（基幹業務を担うとする）「総合職」と（補助業務を担うとする）「一般職」

に分ける「コース別人事制度」を作り、これによって実質的に男女で賃金、配置、昇進等の処遇面での異なる取り扱いを維持してきました。

この構造のなかで女性は、転勤・残業を受け入れ総合職として男性同様の働き方をするか、そうでなければ一般職や非正規雇用を選ばざるをえません。その結果が、先ほど見た男女間における採用形態や賃金の格差、女性の管理職比率の少なさなどに現れています。

●ジェンダー平等の実現に向けて

今日、アベノミクスのもとで「一億総活躍社会」が掲げられ、「女性が輝く社会」が目指されていますが、家事・育児等は女性の仕事という視座が維持されたまま「女性の社会進出」が推し進められても、家事や育児等の家庭内労働をすべて担わされる女性にとっては「非正規雇用で働く」という選択肢しか残されていないことは少なくありません。

ジェンダー平等を実現するためには、これまで女性に集中させられてきた家事・育児などの負担を、男性や社会もともに支えていくことが重要です。

企業も変わっていかなければなりません。近年では、SDGsの目標にも「ジェンダー平等の実現」が謳われており、またESGへの配慮という観点からも、企業のなかでのジェンダー・ギャップ解消に向けた取り組みが強く求められています。

第一子出産の前後で約半数の女性が離職をするといわれていますが、「どうせ出産・育児で辞めるから」と考えるのではなく、育児・出産に伴う休暇を取得しやすくし、その後も仕事に戻りやすい組織づくりを進めることが大切です。また、転勤を受け入れることで評価が上がる人事制度の見直しや、労働時間短縮などの労働条件の改善によって、男女ともに家事・育児を担えるような企業環境の整備も重要です。

〈細永貴子〉

［参考文献］
内閣府男女共同参画局［2020］『男女共同参画白書』。

8 会社再建に整理解雇は必要か

会社の経営がゆきづまると、雇用はどうなるのでしょうか。経営の都合と働き続ける権利との調整を図るのが「整理解雇4要件」というルール（判例法理）ですが、その適用には様々な難しさもあります。戦後最大級の事業会社倒産だった日本航空（JAL）会社更生のケースから考えてみましょう。

●放漫経営の末に

　日本を代表する航空会社の日本航空（JAL）は2010年1月、東京地方裁判所に会社更生手続きを申し立て、経営破綻しました。会社更生というのは、債務（借金）がかさみ資金繰りが厳しくなった会社が、裁判所が選んだ管財人のもと、債務を合法的にカットして再生するための手続きです。リーマンショックによる航空需要の減退が引き金でしたが、経営破綻の主な原因は放漫（いい加減な）経営です。

●JAL再生のスキームと結果

　JALの再生では、会社更生によって借金をカットしつつ、企業再生支援機構（国と民間が出資し企業再生に取り組む国策会社）が必要な資金を出資するという初めてのスキーム（枠組み）が採用されました。JALは倒産時点で、営業損益が赤字で貸借対照表（BS）は1兆7,134億円の債務超過でした。JAL再生は飛行機を飛ばしながらBSを債務超過から資産超過に変え、損益計算書（PL）を黒字に転換する、会社の〝外科手術〟でした。

　BSの面では、会社更生によって借金を5,200億円カットし、企業再生支援機構が3,500億円出資することで債務超過を解消。PL改善のため、企業再生支援機構は「機材、路線、人員という三つの過剰」を整理

図表1　初年度（2011年3月末）資産超過の実現

2010年3月末

（億円）

- 資産 15,174
- 共益債権等 12,269
- DIP ファイナンス 3,600
- 更生担保権 2,941
- 債務超過 9,592
- カット対象債権 5,956

その他 ▲91

- 出資 3,500
- 1,216
- 債務免除 5,215

2011/3期 当期純利益 6,431

2011年3月末

- 資産 11,145
- 負債 7,773
- 更生担保権 3,124
- 資産超過 248

注：連結概算ベース。

図表2　初年度（2011年3月末）営業黒字の達成

凡例：営業利益、売上高、営業利益率（右）

横軸：2010/3期　2011/3期　2012/3期　2013/3期

出典：国土交通省「日本航空の再生について」（2012年11月）。

してコストを削りました。大型航空機103機売却、不採算路線・国際線4割、国内線3割廃止、人員1.6万人削減などです（その成果は**図表1、2**を参照）。会社更生手続きは2011年3月に終了し、2012年9月に東京証券取引所一部に再上場を果たしました。

●成功の陰で問題点も

絵に描いたようなＶ字回復でしたがいくつかの問題もありました。(1)中小・中堅企業の再生のために設立された企業再生支援機構の支援は適切か、(2)ＪＡＬが優遇されたため全日空（ＡＮＡ）などが競争上不利になったのでは、(3)ＪＡＬが東証一部に再上場する前の第三者割当増資で、京セラなど一部企業に未公開株を格安で売ったのは不公正では、(4)パイロット81人、客室乗務員（ＣＡ）84人、計165人の整理解雇は必要だったのか、(5)利益優先とベテランの解雇・退職の結果、「空の安全」が脅かされたのではないか。

それぞれ重要な問題ですが、ここでは特に(4)165人の整理解雇に注目します。会社の経営と雇用（働き続ける権利）の公正なバランスをとるため、整理解雇4要件という判例法理があります。具体的には①人員整理の必要性、②解雇回避努力、③人選の合理性、④手続きの妥当性、です。解雇されたパイロット、ＣＡが起こした裁判では①が大きな争点になりました。解雇の時点でＪＡＬはＶ字回復の軌道に乗っており、営業黒字は1,586億円になっていたからです（年度では1,884億円）。他方、整理解雇による人件費削減効果は14.7億円にすぎません。

●「解雇は有効」判決の内容

ところが裁判所は、解雇を有効とする判決を重ね最高裁で確定します。主な理由は、Ａ「ＪＡＬは一度沈んだ船。二度と沈まぬようにするには人をなるべく減らさなければ」、Ｂ「債権カットで銀行など債権者に迷惑をかけた。約束（会社更生計画）を守り人を減らすのはＪＡＬの責任」というもの。Ａは労働者を「コスト」とだけ見る考えですが「再生の担い手」でもあり、減らせば減らすほどうまくいくというのは現実に合いません。Ｂは、人員削減目標が解雇前に達成されていることを見落としているうえ、経営責任を労働者に負わせる点でも道理に合いません。

解雇前、ストライキ権を確立するスト権投票を始めたパイロットとＣＡの組合に対し、企業再生支援機構は「スト権を確立したら3,500億

図表3　ハドソン川の奇跡

2009年1月15日
USエアウェイズ1549便
ニューヨーク発～ノースカロライナ経由
～シアトル行き

テターボロ空港

④引き返すことは無理と
判断。ハドソン川に下りると
管制官に伝える
15:28:12　**57**

③管制官に連絡
ラガーディア空港へ
引き返すため左旋回
25　15:27:40

⑤管制官に、右側にある
テターボロ空港を確認。
着陸の可能性を探る
89　15:28:54

0　15:27:15

②雁の群れに衝突
両エンジンが停止

⑥衝撃に備えるよう
機内アナウンス
109　15:29:14

ブロンクス

⑦テターボロ空港への
着陸を断念し、ハドソン川へ
不時着水することを
管制官に伝える
123　15:29:28

⑧ハドソン川へ
不時着水
15:30:43
208

①離陸（15:24:56）

マンハッタン

ラガーディア空港

⑨乗客らは後方から
浸水する機内から翼や
救命ラフトの上に脱出

⑩機内に人がいない
ことを確認した後
機長も脱出

⑪不時着水を見てかけつけた
フェリーなどに乗客乗員
155人全員が
無事救出される

出典：NTSBの事故レポートを元に作成（宮脇宗平）。

円の出資はできず飛行機が飛ばなくなる」と脅しました。東京都労働委員会はこの脅しが労働組合法違反にあたると判断して救済を命じ、裁判所もこの判断を支持しました（整理解雇4要件④に抵触）。

●「空の安全」を守るには

経験者が職場にいることが「空の安全」の支えです。2009年1月、突然のエンジントラブルによる墜落の危機をハドソン川への不時着で回避したベテランパイロット（57歳）も、米下院で「空の安全にとって最も重要なものは、経験をよく積みよく訓練されたパイロットなのです」と語りました。ILO（国際労働機関）も組合とよく話し合い被解雇者の職場復帰について合意に至るよう日本政府とJALに勧告しています。航空会社が雇用を守る努力は、コロナ禍のもと、ますます重要になっています。

〈北 健一〉

⑨ 純粋持株会社に翻弄される労働者

企業再編には、主に合併・会社分割・事業譲渡・企業(株式)買収の四つの類型があります。類型の権利義務承継の違いにより労使紛争の様相が異なります。純粋持株会社は21世紀企業統治の中核です。純粋持株会社は、子会社の労働条件・処遇決定権を握っています。労働組合は、労組法7条の使用者概念拡大により純粋持株会社との団体交渉確立が重要となります。

　21世紀に入り、純粋持株会社の登場により、グループ経営や企業・事業の売却が促進されることになりました。ここでは、企業再編が、働く人の環境や労働条件にどのように影響を及ぼすのか、雇用や生活を守るためには、労働者はどのように対応していくべきなのかを学びます。

●企業再編とは何か？

　企業再編は、企業が不採算部門や優良・成長部門を統廃合する、企業組織の組み換えです。企業組織の選択と集中ともいえます。企業再編の手法としては、主に合併・会社分割・事業譲渡・企業(株式)買収の4類型があります。企業(株式)買収では、新株引受(第三者割当増資)、株式譲受(相対取引、市場買付、公開買付)、株式移転・株式交換等多様な方法があります。目にすることが増えたM&Aとは、Mergers(合併)とAcquisitions(買収)の略称です。M&Aは、企業再編のうち企業の合併・買収を意味します。

●21世紀に入り企業再編が増加

　図表1のグラフのように、M&A件数は、1990年代は数百件台でしたが、21世紀に入り急増し、2019年には初めて4,088件になりました。その金額も、2018年には30兆円弱に上りました。マーケット別内訳は、

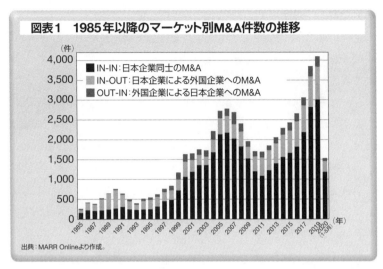

図表1　1985年以降のマーケット別M&A件数の推移

（件）

- IN-IN：日本企業同士のM&A
- IN-OUT：日本企業による外国企業へのM&A
- OUT-IN：外国企業による日本企業へのM&A

出典：MARR Onlineより作成。

IN-IN（日本の企業同士のM&A）3,000件、IN-OUT（日本企業による外国企業へのM&A）826件、OUT-IN（外国企業による日本企業へのM&A）262件となっています。

　日本企業は、21世紀に入り1990年代の日本経済低迷から脱し、市場経済のグローバル化による激しい経済環境対応のため、グループ戦略の練り直しを迫られました。企業は、強い部門をより強く、弱い部門を切り捨てる大胆で迅速な企業再編を実行しました。人材も技術も商権も、自前で調達・育成するそれまでの企業統治の視点が変化しました。不採算部門の統廃合、優良・成長部門の買収のために、企業再編や資本提供・資本参加・業務提携が日常的に行われる時代を迎えました。また、経営者団体は、21世紀の企業統治の基本として、「純粋持株会社制」を推奨しました。他方、企業再編をめぐる法整備が、企業再編の動きを後押ししました。1997年独占禁止法改正による純粋持株会社解禁、1998年商法改正による株式交換・株式移転制度創設、2000年商法改正による会社分割制度の創設と労働契約承継法の制定、2005年会社法の制定が行われました。

●労働者の処遇はバイサイド（買手）の意向次第

　企業再編の4類型ごとに、もとの企業での権利・義務（例えば、労働者の雇用・労働条件）が新しい企業にどのように承継されるかが異なります。4類型の権利義務の承継の違いは、**図表2**のとおりです。

　合併は、包括承継であり雇用問題は生じませんが、合併企業ごとに労働条件が異なり労働条件の調整・切り下げ問題が生じます。事業譲渡は、特定承継なので、譲渡先の意向次第で雇用・労働条件をめぐる紛争が起こりがちです。会社分割は、部分的包括承継ですが、労働契約承継法の保護があります。企業買収は、単なる経営者の交代で労使関係には変化がないはずですが、新経営者の意向次第でリストラ等の紛争が起こりがちです。

　現実には、バイサイド（合併の吸収会社・事業譲渡の譲渡先・会社分割の承継企業・企業買収者）がカギを握ります。ある銀行（職員約2,000名）が破綻し投資ファンドに買収されましたが、採用職員は1,080名にすぎず賃金も引き下げられました。ある化粧品会社が製造工場を会社分割し従業員が新設会社に承継されましたが、1年半後に会社が製造発注を停止、新設会社は解散、全従業員が解雇されました。働く人は労働組合に結集し、企業再編の法的仕組みを踏まえ雇用と労働条件を守ることが肝要です。

●純粋持株会社は21世紀企業統治の中核

　持株会社には、「事業持株会社」と「純粋持株会社」があります。1997年独占禁止法改正により純粋持株会社が解禁され、経営者は、21世紀企業統治の中核に純粋持株会社を位置付け、多くの大手企業が純粋持株会社に移行しました。株式移転・株式交換や会社分割等の手法で簡易に移行可能になりました。

　純粋持株会社は、子会社より高い投資リターンを求め、各子会社の経営効率化を強化します。また、子会社の買収・売却により機動的なグループ再編が可能になりました。

図表1　四つの類型と権利義務の承継の違い

類型	承継の方法	雇用	労働条件
合併	【包括承継】すべての権利義務を承継。	・雇用は存続会社等に承継される。	・**異なる労働条件が併存、切り下げ問題が起こる。**
事業譲渡	【特定承継】譲渡元・先で合意の権利義務を承継。	・**譲渡元—先で合意の労働者のみが転籍。**	・譲渡先で労働条件切り下げ問題が起こりがち。
会社分割	【部分的包括承継】分割契約書等に定めある権利義務を包括承継。	・分割契約書等に定めある労働者は承継。承継事業への従事の有無により異議申出権あり（労働契約承継法）。	・労働条件はそのまま承継会社等に承継。
企業買収	【単なる経営者の交代】労使関係には変化なし。	・**労使関係に変化ないはずだが、新経営者が不当労働行為・リストラ・労働条件切り下げを行う恐れあり。**	

出典：MARR Onlineより。

●純粋持株会社下で起こる労働問題

　純粋持株会社は、収益率の低い子会社に人件費の削減、労働条件切り下げやリストラを指示します。子会社間の労働条件の個別化・格差の拡大が進んでいます。不採算に陥った子会社は切り捨てられ、ときには優良部門も売却され、また優良・成長部門が統合されたりします。

●純粋持株会社に団体交渉を求めましょう

　子会社の労働組合は、「労組法7条の使用者概念」を拡大して、純粋持株会社との団体交渉権を確保することも重要です。労組法7条は、「不利益取扱」「正当な理由のない団交拒否」「支配介入」を不当労働行為として禁止しています。通説、判例は、純粋持株会社との団体交渉権について消極的です。子会社の労働者の労働条件を純粋持株会社が支配・決定している場合には、純粋持株会社との交渉を求めていくことが重要です。　　　　　　　　　　　　　　　　　　　　　〈徳住堅治〉

[参考文献]
毛塚勝利編［2013］『事業再構築における労働法の役割』中央経済社。
徳住堅治［2009］『企業組織再編と労働契約』旬報社。

⑩ 働く人の権利を守る労働法

働く人は、働くルールを定める「個別的労使関係法」（労働保護法等）、労働組合活動を保障する「集団的労使関係法」、就職に関する「労働市場法」で保護されています。労働保護法には、労働基準法、労災保険法、男女雇用機会均等法、短時間・有期雇用労働法等があります。これらの法律で、労働時間・賃金・労災事故・男女平等・非正規労働者の待遇が保護されるのです。

●「働くことはこういうもの」と思っていた若者

（1）A君は、職業紹介会社から「3年間はがんばれ」と諭され入社しました。求人票記載の勤務時間は10〜19時でした。入社すると朝7時出勤が義務とされ、毎日夜0時すぎまで働き休日出勤もありながら、残業手当不払いでした。A君は「働くとは苦しみを乗り越えること」と思い頑張りましたが、体調を崩し退職を考えました。社会保険労務士から、「1日8時間以上の労働は労基法で禁じられており、残業は労働者代表と締結した36協定（時間外労働協定）がなければ命じられない」「残業には割増賃金支払いが必要」と説明され、A君は自分の無知に驚きました。

（2）Bさんは、業績がよく若くして管理職に就きました。しかし、結婚・妊娠を告げた途端に社長はBさんに冷たくなり、出産直前に管理職を解かれ、育児休業中には退職を迫ってきました。Bさんが相談した東京労働局から、妊娠・出産・育児休業を理由とする不利益取扱は「男女雇用機会均等法」等の違反だと説明され、同局から会社への指導がありました。

●労働者を守るため労働法は存在する

A君、Bさんのように働く人は、誰もが会社から理不尽な仕打ちをさ

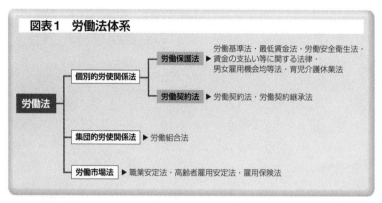

図表1　労働法体系

労働法
- 個別的労使関係法
  - **労働保護法** ▶ 労働基準法・最低賃金法・労働安全衛生法・賃金の支払い等に関する法律・男女雇用機会均等法・育児介護休業法
  - **労働契約法** ▶ 労働契約法・労働契約継承法
- **集団的労使関係法** ▶ 労働組合法
- **労働市場法** ▶ 職業安定法・高齢者雇用安定法・雇用保険法

れる可能性があります。「長時間働かされる」「残業手当をもらえない」「賃金を切り下げられた」「有給休暇をもらえない」「突然解雇をいい渡された」「妊娠・出産・育児休業したら辞めるようにいわれた」等、理不尽な状態に追い込まれる可能性があります。

　働く人が一人で会社に改善申し入れすることは困難です。会社と働く人との間では、会社が圧倒的に優位で、交渉力・情報力に大きな格差があります（労使の非対等性）。理不尽な状態を防ぐために、労使の実質的対等原則を実現し、働く人一人ひとりが健康で人間らしい労働ができるように、法律（労働法）で働くルールが定められています。

　労働法には、働く人と使用者との間のルールを定める「個別的労使関係法」、労働組合と使用者のルールを定める「集団的労使関係法」、求職者と求人者とのルール等を定める「労働市場法」があります［→**図表1**］。「個別的労使関係法」は、使用者に対する刑事罰や行政監督等の公的手段により最低労働条件を確保する労働保護法と、働く人と使用者で締結する労働契約のルールを定める労働契約法があります。

●労働保護法とは

　憲法27条2項は「賃金、就業時間、休息その他の勤労条件に関する基準は、法律でこれを定める」、3項は「児童は、これを酷使してはならない」と定めています。憲法27条2項に基づき、各種の労働保護法が

定められています。労働基準法、最低賃金法、労働保険法、賃金の支払い等に関する法律、男女雇用機会均等法、育児介護休業、短時間・有期雇用労働法等があります。

　労働基準法には、賃金、労働時間・休日・有給休暇、安全衛生、就業規則等の定めがあります。賃金について直接払いの原則や全額払いの原則等、賃金支払い確保の定めを置いています。労働時間については、「使用者は、1日8時間を超えて労働させてはならない」(32条2項)、「過半数労働者代表との間で36協定を締結して初めて時間外労働・休日労働を命じることができる」(36条)、「時間外労働・休日労働・深夜労働には2割5分以上の割増賃金の支払義務がある」(37条)と定めています。最低賃金法は賃金の最低限を保障し、労働安全衛生法は働く人の安全と健康の確保するための法律です。使用者がこれらの法律に違反すると、懲役や罰金の刑事罰が課せられます。男女雇用機会均等法は、性別を理由とする差別を禁止し、刑事罰による規制はありませんが都道府県労働局長による指導・勧告等の履行確保措置があります。短時間・有期雇用労働法には、パートタイマー・有期雇用労働者と正社員との間の労働条件に関する均等・均衡待遇原則を定めています(8条・9条)。最近非正規労働者が、この法律に基づき手当、基本給、賞与、退職金について正社員との格差是正を求める裁判が数多く提起されています。

　これらの法律に基づき規則、指針、ガイドライン等が定められています。例えば、「時間外労働・休日労働指針」「パワー・ハラスメント指針」「同一労働同一賃金ガイドライン」等、実務的に重要なルールが定められています。

●労働契約法とは

　労働契約法は、条文数も少ない新しい法律(平成20年施行)です。労働契約の民事ルールを定めた重要な法律です。働く人の使用者に対する権利・義務は、労使で締結する労働契約が淵源だからです。

図表2　憲法と労働法

	憲法の条項
13条	個人の尊重・幸福追求権。
14条	法の下の平等。
25条	すべての国民は、健康で文化的な最低限度の生活を営む権利を有する。
27条1項	すべての国民は、勤労の権利を有し、義務を負う。
2項	賃金、就業時間、休息その他の労働条件に関する基準は、法律でこれを定める。
3項	児童は、これを酷使してはならない。
28条	勤労者の団結する権利及び団体交渉その他の団体行動する権利は、これを保障する。

●憲法による団結権・団体交渉権・団体行動権の保障

　労使の実質的対等を実現するもう一つの方法は、働く人が団結し、団結の力を背景に使用者と交渉し、ときには争議行為により要求を実現する道です。憲法28条は、働く人に団結権、団体交渉権、団体行動権の三つの権利である「労働基本権」を保障しました。憲法28条に基づき、労働組合法が定められ、働く人は労働組合に団結し、団体交渉などを通じて労働条件の維持向上を図れるのです。

　労働組合法は、第1条(法の目的)で、労使対等交渉による働く人の地位向上、働く人の自主的な労働組合の組織化、労働協約締結のため団体交渉助成を明記しています。労働組合は使用者に団体交渉の開催を要求でき、使用者は正当な理由がなくては拒めません(7条2号)。団体交渉を通じて要求を実現できない場合は、労働組合は、団体行動権(ストライキ等)により使用者に圧力をかけ、要求の実現を図ります。労働組合が団体行動権を行使しても、労働者や組合員には刑事免責や民事免責(損害賠償を追わない)があります。　　　　　　　　　　〈徳住堅治〉

[参考文献]
西谷 敏[2020]『労働法(第3版)』日本評論社。
水町雄一郎[2019]『詳解労働法』東京大学出版会。
荒木尚志[2016]『労働法(第3版)』有斐閣。

広がる労働組合の役割

憲法28条・労働組合法は、働く人が団結して労働組合を結成し、団体交渉を通じ労働条件の維持向上を図ること、そしてストライキ等の争議権を保障しています。正当な争議行為には、刑事免責・民事免責があります。プロ野球選手や公文教室指導員等様々な産業・職種の働く人が労働組合に加入し権利実現を図っています。最近では、個人加盟のユニオンの活動も活発です。

●日本プロ野球選手も新国立劇場の合唱団員も労働組合の組合員

　2004年近鉄バッファローズがオリックスに事業譲渡し、球団数減の問題が浮上しました。日本プロ野球選手会（会長・古田敦也）は、選手の解雇・転籍回避のため、経営者（日本プロ野球組織）に球団合併阻止・新球団加盟促進を求め団体交渉を申し入れました。経営者は拒否。選手会申請の「団体交渉を求め得る法的地位仮処分」について、東京高等裁判所は、同年9月4日選手会の主張を認めました（ただし、請求は棄却）。同月18〜19日選手会はストライキを敢行。経営者側は選手会の要求を受け入れ、球団楽天の創設によりセ・パ6球団体制が維持されました。選手会が任意団体時代には経営者から相手にされず、選手の待遇改善が進みませんでした。1985年中畑清（巨人）が委員長となり全選手加盟の労働組合を結成、東京都労働委員会から労働組合の資格認定を受け法人登記をすませ、経営者との団体交渉権を確立しました。その後選手会は、最低年俸の引き上げ、年金制度の確立等の待遇改善を勝ち取りました。

　世界のオペラハウス合唱団員は、労働者として労働組合を結成し待遇改善や雇用確保を図っています。新国立劇場運営財団のオペラ合唱団員が労働組合を結成し、運営財団に待遇改善の団体交渉を申し入れ

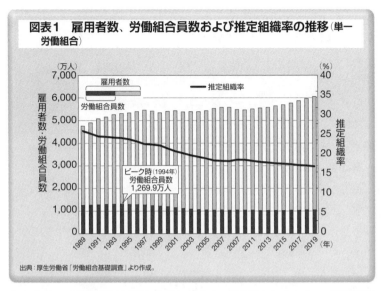

図表1　雇用者数、労働組合員数および推定組織率の推移（単一労働組合）

（万人）
凡例：雇用者数、労働組合員数、推定組織率
ピーク時（1994年）労働組合員数 1,269.9万人

出典：厚生労働省「労働組合基礎調査」より作成。

たところ、合唱団員は労働者でないとして拒否されました。合唱団員は練習・公演のために年間二百数十日を拘束され、報酬は低く、団員選考が定期的に行われ地位は不安定です。最高裁は、合唱団員は労組法上の労働者であり、運営財団に団体交渉応諾を命じました（2011年4月12日）。出張修理業務従事のカスタマーエンジニアや個人代行店、メッセンジャー（配送人）、NHK地域スタッフ等も労組法上の労働者とされ、団体交渉が認められています。

●**労働組合の組織率は低下している**

　労組法制定当時（1949年）は労働運動結成の機運が高まり、労働組合の組織率は55.8％でした。その後低下し、2019年には労働組合数24,057、組合員数1,008万8,000人、組織率16.7％となりました［→**図表1**］。要因として、組合組織率の低いサービス業の拡大、非正規労働者の増加、若者の組合離れ意識の広がりがあげられています。

　欧米では、企業横断で組織される職業別労働組合や産業別労働組合が主流です。わが国では、企業別労働組合が主流です。民間労働組合

の9割以上が企業別労働組合であり、9割近くの組合員が企業別労働組合に組織されています。管理職ユニオン、女性ユニオン等、最近「ユニオン」という言葉をよく目にします。ユニオンは、企業、職種、産業を問わず働く人一人でも加入できる労働組合です。職場で解雇・雇い止めやパワハラ・セクハラを受けた働く人がユニオンに駆け込み、会社と団体交渉して紛争を解決する事例が増えています。

●憲法・労働組合法は労働組合を保護・助成している

憲法28条および労働組合法は、働く人が団結して労働組合を結成し、使用者との団体交渉を通じて労働条件の維持・向上を図ることを保護・助成しています（1条）。正当な組合活動・争議行為は、正当行為として刑事免責され（労組法1条2項、刑法35条）、損害賠償請求等の民事責任を負いません（労組法8条・民事免責）。

労組法7条は、使用者の不当労働行為です［→**図表2**］。不利益取扱（1号）、団体交渉拒否（不誠実団交）（2号）、支配介入（3号）を禁止しています。使用者の不当労働行為があると、労働組合または組合員は都道府県労働委員会に不当労働行為救済申立を行い、労働委員会が救済命令を出し使用者が命令に反すると制裁があります（法27条・32条）。

●団体交渉を通じて真の働き方改革を

団体交渉では、給料の引き上げ、長時間労働の是正、残業代支払い、パワハラ・セクハラの根絶、非正規労働者の待遇改善等が取り上げられます。介護の職場、交通機関、小売業や営業職では、カスタマー（顧客）ハラスメント対策を労使で練っています。38万人を組織する金属産業労働組合は「適正価格での取引」を経営者に求めています。受注単価が低いと配置人員が少なく長時間労働となり、賃金も上がらないのです。「適正な納期の実現」「設計・仕様変更の場合の納期変更」を求めている組合もあります。働き方改革では、現実の働き方改善を重視すべきです。「無駄な会議を徹底的に削減する」「決断に必要のない無駄な資料や文書作成は止める」「365日24時間営業・深夜労働を改める」「店舗は原則1

図表2 不当労働行為(労組法7条)の禁止行為

号	禁止行為	禁止行為の具体的内容
1号	不利益取扱	組合員であること・労働組合への加入・結成・労働組合の正当な行為を理由とする解雇等の不利益取り扱い。
	黄犬契約	「労働組合への加入・脱退」を雇用条件とすること。
2号	団体交渉拒否	正当な理由なく団体交渉を拒否すること。
3号	支配介入	労働組合の結成・運営を支配、介入すること。
	経費援助	労働組合運営のために経費援助すること。
4号	報復的不利益取扱	不当労働行為の申立をしたこと等を理由に、労働者を解雇等の不利益取扱をすること。

週間に1日休業する。正月3日間は原則休業する」を要求する労働組合もあります。その結果、「アフター5は労働者の自由時間。兼業を認める」「経営トップ自ら会議を30分で切り上げ、簡単な資料での意思決定の徹底」「18時にPC自動的シャットダウン」を実現した職場があります。

●労働組合は労使協定をもっと重視すべき

職場で過半数を組織する労働組合の重要な役割として、労使協定の締結があります。労基法では、時間外労働に関する36協定(法36条)、賃金の一部控除協定(法24条)、労働時間制度に関する労使協定(法32条の3等)、計画年休制度に関す協定(法39条6項)があります。労使協定は、労基法以外の労働者保護法でも随所に見られます。例えば、育児休業申出があった場合の事業主に義務等に関して、育児介護休業法6条1項但書、12条2項の労使協定があります。36協定締結いかんにより、労働組合は時間外労働規制の主導権を握れます。年次有給休暇について、欧米では労使協議により2〜3週間のまとめ取り・取得率100%を実現しています。労働組合は、計画休暇制度を利用し有給休暇取得率100%を実現できます。また、過半数労働組合は、就業規則の作成・変更に意見を述べる(労基法90条1項)等の役割があります。　　　〈徳住堅治〉

[参考文献]

西谷 敏[2012]『労働組合法(第3版)』有斐閣。

12 コロナ禍の労働問題

企業と直接交渉し、雇用を守り、賃金を引き上げることで、労働者の働き方と暮らしを守る役割を果たすのが労働組合です。ここでは特にコロナ禍のもとで生じている労働問題を取り上げます。そして、新自由主義によって拡大した格差と貧困問題を打開するために必要な労働運動の課題について考えます。

●東京美々卯に見る利益集中の促進

2020年5月20日、50年の歴史を持つ飲食店、東京美々卯が全店舗閉鎖・会社清算を決定、板前、パート労働者200人の雇用が突然断たれました。コロナ禍による売上減を理由にあげていますが、11億円の資産(2019年度決算)を持ち、黒字基調であった会社が、清算を急がなければならない必然性はありません。

労働組合は「事前協議合意協定」を締結しており、閉鎖や清算については労使で合意しなければ実行できません。一方で株式の43%を所有している大阪美々卯と、土地建物の所有者であり大阪美々卯の100%株を所有する美和ホールディングスは、役員や経営方針の決定に関与し毎月巨額の家賃と指導料を吸い上げていました。東京と一体の関係にありながら、コロナ禍に際して「運転資金の融資を断わった」(東京の経営者)といわれています。子会社の労働者・顧客・取引先業者を切り捨て、自らの保身に走ったのです。

コロナ禍という新たな危機に際し、資本の側は一層の利益集中体制を固め、事業と子会社を整理・淘汰する動きが加速することを予見させる事例といえます。

写真1　美々卯京橋本店外観（左）、東京労働局で訴える美々卯
　　　分会の仲間（右、2020年6月）

写真1　美々卯京橋本店外観（左）、東京労働局で訴える美々卯
　　　分会の仲間（右、2020年6月）

●低賃金・不安定雇用労働者がコロナ禍でも犠牲に

　コロナ禍のもと、テレワーク推進が唱えられているものの、テレワークで働き生活が維持できるのは一握りの層です。新型コロナ感染拡大のなかでも、国民生活に直結している医療、保育、介護、清掃、交通、流通、飲食をはじめ、水道、電気、ガスなどの生活インフラや公共サービス分野などは毎日職場に出なければなりません。そしてそれらを最前線で支えているのが年収200万円以下で働く非正規労働者や低賃金の正社員なのです。

　法務局の窓口で登記簿開示業務を担っているのは、入札によって最低賃金ぎりぎりで働かされている全国2,300人の非正規労働者です。不特定多数と毎日接触しながら、体調が悪くても休めば収入が途絶えるため無理して出勤したり、ぎりぎりの人員配置のため休んでいても呼び出されるという事態も起きています。かつて国家公務員が行っていた業務でありながら、賃金は半分以下になりました。

●コロナ禍のもとで収入減が補償されない請負労働者

　東京電力グループ企業・ワットラインサービス社との請負契約で電気メーター交換工事を行ってきた労働者が、2018年12月組合を結成し団交を申し入れましたが、今日まで2年以上の間一切の交渉を拒否され

ています。新型コロナパンデミックにより中国から部品が入らなくなり工事ができなくなったため収入が途絶えたときも、会社は補償もせず交渉に応じないため収入ゼロの月が続きました。

メーターを取り付けなければ家庭や事業所に電気は通りません。メーター工事は電気事業に不可欠な作業であり、以前は東京電力社員が行っていたものです。契約会社が団交を拒否し続けるなら、子会社や発注先に業務を丸投げしている親会社や発注者である東京電力に使用者概念を適用し、団体交渉に応じさせるといった救済が必要です。

●外国資本に振り回され、コロナ禍の中で工場閉鎖

塗料等の製造販売を行っている日本アクリル社は、世界的大企業ダウ・ケミカルの日本子会社の子会社です。名古屋に中規模の工場を持ち、国内の自動車や住宅産業向けの業績は好調、13億円の内部留保、単年度も黒字基調でした。しかし2019年、突然本社が名古屋にある唯一の工場を閉鎖し台湾へ生産移転すると発表しました。従業員50名、家族を含めると200名の生活が破壊され、関連事業者の打撃も大きく地域経済に与える影響は重大ですが、アクリル社の社長はダウジャパンの一営業部長であり本社のいいなりです。

こうしたなか、コロナ禍により原材料の輸入が止まるという事態が発生しました。アクリル社はこれを機に生産を中止、労働組合との合意がないまま工場閉鎖を強弁しています。

労働組合は工場存続と雇用確保を求めて争議を構えていますが、外国資本にとっては投資先の一つでしかないという力関係を変えるために、地域とともに「コロナ禍でこれ以上の打撃を与えるな」との世論を拡げる取り組みが不可欠です。

●労働運動の二つの課題とコロナ禍への対応

コロナ禍のもとで鮮明になった克服されるべき課題、取るべき政策は、新自由主義路線からの脱却であり、労働者・国民の生命と暮らしを第一にした経済政策の実現です。それは、不当に削減されてきた賃

金を、①同一労働同一賃金原則に基づく非正規労働者の格差是正、②生活の最低限保障としての水準を満たす全国一律最低賃金制の確立と生計費調査に基づく時給1,500円への引き上げ、③これを基礎にした職種別横断的熟練賃金要求の実現、等によって回復させることです。そして、これらの実現には複数の労働組合が共同しての統一賃金闘争が不可欠です。

　一方、資本の側もまた、コロナ禍による経済の停滞に危機感を募らせています。会社法の改正によって、雇用責任を逃れ利益だけ手中にできる純粋持株会社が合法化されました。入札制度や子会社を作っての事業外注化など雇用責任から逃れてきました。東京電力などの大企業や、東京都などの自治体は、すでに事業を子会社化し入札制度を使って雇用関係を切り離し利益だけ集中させる体制を作り上げています。団交権が及ばないために、事業閉鎖や解雇といった重大な問題についても真の決定者である責任者との交渉が認められず、被害が拡大する事態が続いています。

　真の決定者と対等に交渉し、責任を追及し要求を実現する主体的力を取り戻すために、入札などによる事業の発注者や親会社・持株会社に団交応諾義務を課し、使用者として雇用責任を果たさせる闘いが求められています。

　これまで見てきたとおり、新自由主義で拡大された格差と貧困の被害者層が、コロナ禍においてさらなる危機に直面させられている状況があります。他方で今の状況は、労働問題という課題を考え、職場・業界の違い、雇用形態の違いといった障壁を乗り越える絶好の機会でもあります。互いに共同し、労働組合をより交渉力あるものにしていくことが、コロナ禍において顕在化した問題を乗り越えるためには必要ではないでしょうか。

〈森 治美〉

第4章

私たちの未来
企業と地球・市民

●資本主義の発展につれて企業は成長し、大きな富を人々にもたらしてきました。しかし貧困はなくならず、社会的な格差が拡大することによって起きる様々な問題、また地球温暖化など環境への影響が深化しています。新型コロナによってもたらされたパンデミックにより、私たちは企業を変革する必要性を一層強く感じています。

●本章では、持続可能な環境および社会を求めて、これからの企業のあり方を考えます。サプライチェーン企業の人権問題、タックスヘイブン、企業と原発、社会的企業、クラウドファンディング、地球温暖化、SDGs、フェアトレードなどについて取り上げます。

① 持続可能な世界を求めて

産業革命以降、技術革新や経済成長が、何度も人類社会に大きな危機をもたらしてきました。今では、過度な成長戦略が地球温暖化の危機を顕在化させているほか、IT技術が人間の労働を貧しいものにしています。私たちが持続可能な社会を実現させるためには、経済活動を企業や政府に委ねず、社会的な共同作業が必要です。

●「持続可能」とは、「持続不能」危機感の裏返し

「持続可能な経済」「持続可能な社会」などの用語が日常生活に溢れています。このこと自体、実は地球規模で人間の制御や管理が困難な危機の進行を示すといえます。裏を返すと、社会の継続が困難になる危機が静かに、しかし着実に進行する実態を認識しなければなりません。21世紀に入る前から深刻な危機発生や危機が指摘されてきました。

60年ほど前、冷戦構造時代、「核戦争」による人類滅亡が危惧されました。東西両陣営の対立のなか、キューバ危機（1962年）では米・ソ間の核兵器使用が危惧されました。幸い、危機は回避され、1990年代に入り冷戦構造は崩壊しました。

人類存亡の危機ほどではありませんが、経済思想ではマルサスはその著書『人口論』（1798年）で、人口増加率と食糧生産増加率との関係が崩れ、「社会戦争」勃発の危機を提起しました。マルサス『人口論』の延長線上に位置するのが、1972年発表のローマ・クラブ『成長の限界』というレポートです。このレポートは食糧、エネルギーの供給面で成長制約要因が立ちはだかる将来の危機を警告しました。

1980年代以降、自然保護（1980年の国際自然保護連合）、国際環境計画（1980

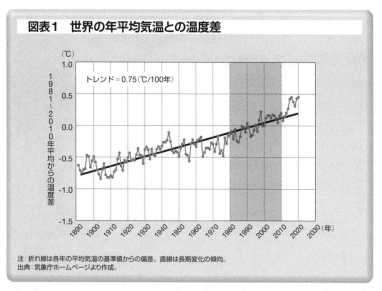

図表1　世界の年平均気温との温度差

(℃)

1981〜2010年平均からの温度差

トレンド＝0.75（℃/100年）

1890 1900 1910 1920 1930 1940 1950 1960 1970 1980 1990 2000 2010 2020 2030 (年)

注：折れ線は各年の平均気温の基準値からの偏差。直線は長期変化の傾向。
出典：気象庁ホームページより作成。

年）が提起した「世界保全戦略」、1992年国際地球サミットの「環境と開発に関するリオ宣言」などを経て、2015年9月に、いわゆるSDGs（持続可能な17の「開発目標」と169項の「ターゲット」）が設定されました。これらは、開発と経済成長とのバランスを根底にし、「開発目標」と「ターゲット」への接近は自主的対応を基本とします。そこではたして地球環境危機に対応できるかどうか、その検証作業もさることながら、危機回避に企業活動をいかに引き出すかが中心課題になります。

今日問題にされている危機は、産業革命以来、近代人が享受してきた経済成長により惹起された地球規模での実態的危機であって、それら実態的危機への対応が核心となります。

産業革命期（1700年頃）から2020年の今日までの約300年間、持続してきた産業発展、生産物および生産・流通・消費に費やされるエネルギー消費は増え続け、二酸化炭素（CO_2）消費量が長期間、継続的に増えてきました。その結果、温室効果ガスにより大気温が上昇し、海水面が上がり、水没する地域が生まれました。気温上昇による自然破壊、

ツンドラ・永久凍土溶解から発する新規の細菌・ウィルスの出現で、感染症多発のグローバル化時代が現実化しました。

●GAFAMが主役となる時代とは

こうした悲劇的事象が進行する一方、経済成長の新主役にいわゆるGAFAM（グーグル、アップル、フェイスブック、アマゾン、マイクロソフト）などの巨大企業が登場しました。これら企業は最新の高度技術で急成長し、企業活動は国家レベルの成長を導く新興産業なのかもしれません。これら巨大企業は、ITやAIの最新技術を駆使した成長に加え、旧型産業に経営革新あるいはオンデマンド労働か廃業か等の分岐を迫りました。そして、国家の規制・制度も追いつけない新業態を創出しました。次世代経済の土台にも大きな影響力を有するなど、少数の巨大企業が経済を主導するように見えます。

こうした見方は自然な認識でしょう。私たちは日常的に、スマホ決済やネット通販を利用したり、PCのソフトウェアや通信機能を使ってホームワークやテレワークを行っています。それ抜きに日常活動ができないほど、巨大企業に依存してしまったのです。

資本主義経済をリードした機械、運輸、通信などの技術革新の経過を思い返し、GAFAM時代と比較してみましょう。人類が徒歩や馬車を手放し、無人電気自動車の出現も間近になった今日に至るまでには約200年近くを要しました。しかし、デジタル化が始まって30年という短期間で、時間と空間の地球化・グローバル化が同時浸透し、社会経済を変化させました。

さらに、電波技術がローバンドからハイバンドまでの電波帯を駆使する5Gへの移行が始まってます。日常生活に関しても、モノを巻き込むIoT時代の入口に立っています。加えて、高速・高機能・高感度・微細なチップ生産の技術進歩により、時代はAI活用の時代に移ろうとしています。

ただAI進化の要因に関して学習過程に着目すると、かつての「女工

哀史」を生んだ繊維産業革命時の手作業に似て、AI活用に必要なパターン認識をAI機械に学習させる際、「人間的でないヒトの労働」、あるいは「最後にしてほしい人間労働」をまさに自動化の下ごしらえに欠かせない究極の単調労働を要します。この点で200年間の技術進歩にもかかわらず、ヒトの側には単純労働が、機械の側には複雑化が、存続していくのです。

●持続可能な社会経済の実現と担い手としての企業

重要なことは、「節度ある開発がまだ可能である」かどうかの判断ではなく、事実としての危機です。人類史上最も大きな危機が確実に進行する日常の大状況を見逃せません。危機は、地球温暖化という気候変動に象徴される人間社会の進化が生む自然破壊、地球破壊の複合された危機が、抑止可能かどうかの瀬戸際に至っている事実を直視すべきです。一人ひとりの日常の生産・消費に直接起因する現代の自然破壊。こうした危機は、化石燃料エネルギーを再生可能エネルギーに転換するだけでは到底回避できません。マルサスやローマ・クラブが取り上げた食糧危機に加え、アルミ、鉄鋼、セメント、プラスティック等、材料に凝縮された大量のCO_2を要する素材の代替が不可避です。技術進化の成行きに委ねてきた科学技術総体の体系転換をいかに図るか、いまだ見出せていません。ここに最大の危機、持続可能な社会経済再構築の困難な課題があります。

経済社会活動に現代企業は大きな比重を占めています。継続可能な経済に企業がどう対応するか。その組織化を継続的かつ系統的に組み上げる共同シナリオで、地球が直面する危機克服と持続可能性を、すべての企業の共同作業として立ち上げ、持続できる市場経済に組み直すべきです。個別企業や行政機関の成り行きに委ねず、意識的、社会的共同作業で持続可能への具体的共同行動を起こすことが不可欠です。

〈永山利和〉

② サプライチェーンがもたらす人権侵害

コロナ禍のもとで企業のサプライチェーンと人権の問題が注目されています。企業活動がグローバルに展開している今日、企業の取引先までコスト管理する方法がサプライチェーンマネジメント（SCM）です。SCMが最適化すればするほど、多国籍企業の労働者の人権侵害が問題となっています。現代労働者の人権問題を考えます。

●サプライチェーンとは何か

「サプライチェーン」とは、原材料が調達されてから商品が消費者にわたるまでの生産・流通プロセスのことです。

具体的には「原材料・部品調達 → 生産 → 物流・流通 → 販売」という一連のプロセスの連鎖のことを指します。このサプライチェーンを効率的に管理することを、サプライチェーンマネジメント（SCM）といいます〔→**図表1**〕

●サプライチェーンマネジメント「**最適化**」がもたらした人権問題

サプライチェーンマネジメントによって、企業の生産・流通プロセスの「最適化」が進みました。「最適化」とは、短期的にはいえばコストの最小化です。その結果、労働者の人権を侵害するような問題が顕在化してきました。**図表2**は過去に起きた多国籍企業の主要な人権侵害問題です。問題となった多国籍企業が、サプライチェーン（原材料などの調達過程）で起きている労働者の搾取問題に対して見て見ぬ振りをしてきた結果、企業のレピュテーション（評判）が危機に陥ったのです。ナイキ社による児童労働は問題は、グローバルな不買運動に発展しました。近年起こったバングラデッシュの衣料縫製工場倒壊事件では、日本の

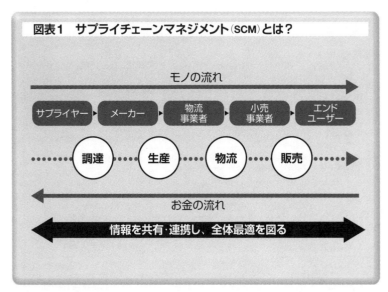

図表1　サプライチェーンマネジメント(SCM)とは?

モノの流れ

サプライヤー → メーカー → 物流事業者 → 小売事業者 → エンドユーザー

調達　生産　物流　販売

お金の流れ

情報を共有・連携し、全体最適を図る

ユニクロも含まれていたこともあり、わが国でもビジネスと人権が議論されるきっかけとなりました。

図表3が示すように、現代の奴隷労働は4,000万人、児童労働は1億5,200万人もいるのです。国際的に人権を保護し、尊重し、救済することが急務の課題です。

●各国の取り組み

このようなサプライチェーンにおける児童労働、強制労働や人権侵害をなくすために、国際的に法制度が整えられてきました。アメリカのカリフォルニア州のサプライチェーンにおける透明性確保のための法律(2012年施行)、EU非財務情報開示指令(2014年)、イギリスの現代奴隷法(2015年)、フランス人権デューデリジェンス法(2017年)などがあります。

ここではイギリスの現代奴隷法(Modern Slavery Act 2015)を取り上げます。ここでいう現代奴隷とは、人々が奴隷状態または隷属状態を強要される拘束労働、児童労働、強制労働、人身取引等を意味しています。イギリスでビジネス活動を行う企業のうち、年間の売上高が3,600万ポ

図表2　過去に起きた多国籍企業の主要な人権侵害問題

アメリカ：ナイキ・シューズ社、パキスタン工場にて児童就労問題（1996年）。ナイキ・シューズ社、ベトナム工場で177倍の有害物質に被曝と週65時間過重労働と週10ドル低給与（1997年）。

イギリス：ナイジェリア進出企業によるシェル石油開発環境破壊事件（2008年）。

台湾：マクドナルドが現地労働者へ最低賃金制度違反の賃金支払い継続、数年にわたり労働争議発生（2010年頃）。

中国：ミャンマーの中国投資ミッソン・ダム建設は環境破壊懸念の住民運動で中止（2011年）。

ウズベキスタン：（国内）綿花採集児童労働（2017）。

ケニア：（国内）中国投資の鉱物採掘所が現地労働者に危険有害業務を従事させていたことの内部通報で、女性労働大臣が現地調査、同行のマスコミが現状を放映。国の海外投資委員会は、稀に見る投資許可の取り消しを決定（2010年頃）。

パプア・ニューギニア：（国内事例）中国投資の鉱物採掘場で働く技師などの偽造ビザで入国した中国人労働者が現地でタクシー会社、食堂などで働き、現地労働者の雇用機会を奪っていると現地人と労働組合が問題にして紛争発生（2010年頃）。

バングラデッシュ：8階建ての商業施設「ラナプラザ」ビル入居の衣料縫製工場は、そのビル倒壊により1,129人（1,134人説もある）の縫製労働者が死亡した（2013年）。「国際産業別労働組合」・市民団体と5,200の国際ブランド・アパレル企業・卸売り業者・製品輸入業者は、5年期限の「火災防止・建物安全協定」を、2013年5月13日に締結。日本のユニクロも参加。同国首相は2014年10月18日、この事故には商品買手にも責任ありと談話発表。

ンドを超えるものに対して、自社の事業活動とサプライチェーンにおける取引で起こる現代奴隷と人身取引についての年次報告書を公表する義務を課しています。

　日本企業は「奴隷」という表現から、関係ない問題と考えるかもしれませんが、そうではありません。日本に来る技能実習生が、渡航前の費用調達のために現地国で借金をして事実上自由を奪われている状況、国内下請け企業が外国人労働者を寮に住まわせてパスポートを預かり移動の自由を事実上拘束する行為など、多くの事案が「現代奴隷」に該当しているのです。

　コロナ禍のもとでますます企業の人権問題が重要な論点になるなか、わが国においてもサプライチェーン全体における企業の責任が重要になってくるでしょう。　　　　　　　　　　　　　　　〈三和裕美子〉

図表3 ビジネスと人権

ビジネスと人権とは？

2011年国連人権理事会で承認された
「ビジネスと人権に関する始動原則」
における**三つの柱**が軸となる。

人権を
保護する
国家の義務

人権を
尊重する
企業の責任

被害者の
救済手段への
アクセス

人権侵害が含まれる様々な商品

コーヒー　　　　洋服
ダイヤモンド　　パーム油
チョコレート　　シーフード
コットン　　　　外国人技能実習生

ビジネスと人権とつながるSDGs品

ビジネスと人権を取り巻く課題

児童労働　　　低賃金・長時間労働
強制労働　　　差別・ハラスメント

現代の

奴隷労働は
4,000万人

児童労働は
1億5,200万人

(ILO 2017年のデータ)

出典：ヒューマンライツ・ナウホームページより作成。

[参考文献]

桑原昌宏[2017]『CSR（企業の社会的責任）と労働者・地域社会・自然環境：「人権」の観点から：日本と外国での事例紹介と考え方の提起』』世界人権問題研究センター（http://khrri.or.jp/news/docs/107.pdf）。

ジョン・ジェラルド・ラギー著、東澤靖訳[2014]『正しいビジネス――世界が取り組む「多国籍企業と人権」の課題』岩波書店。

鈴木裕、横塚仁士[2012]「「ビジネスと人権」を巡る 国際動向と企業経営への影響――コーポレート・ガバナンスと社会的課題」『大和総研調査季報』Vol.5。

Human Rights Now「国境を越えて」人権を守る国際人権NGOヒューマンライツ・ナウホームページ（https://hrn.or.jp/activity/project/cat10/）。

③ タックスヘイブンに隠される企業の富

近年、多くのグローバル企業がタックスヘイブンに巨額の富を保有し、タックスヘイブンを使うことで各国の税負担を逃れている実態が明らかにされてきました。公平な税制を実現するうえで、今、世界中でタックスヘイブン対策が重要視されています。ここでは、タックスヘイブンとは何か、そしてその対策の現状について見ていきます。

●タックスヘイブンとは何か

世界には、利益に対して税金を払わなくてもよかったり、他の国より税金が格段に安くすむ国や地域（法域）があり、それらはタックスヘイブン（tax haven）と呼ばれます。**図表1**には、これまでタックスヘイブンに分類されてきた国や地域をあげました。その多くが小さな島や都市の一部です。

近年、グローバル企業の多くがタックスヘイブンに子会社を持っていることや、タックスヘイブンに数多くのファンドが設立されていることが明らかになってきました。タックスヘイブンが利用される大きな要因に、法人税の税率が低い、金融取引への課税がないなど税制上の優遇措置が受けられること、そして、銀行口座やそこでの取引の情報を外部に公開しないという徹底した秘密主義があります。

タックスヘイブンに、現在どれだけの富が集まっているのでしょうか。タックスヘイブンでの取引自体が補足されづらく、またどこまでの資産・地域を含めるかといった問題があるためその金額の推計は様々ですが、例えばアメリカの大企業上位500社は、2017年には、タックスヘイブンに2.6兆ドル（260兆円）もの資産を保有していたとされ、IMFはタック

図表1 世界の代表的なタックスヘイブン

ヨーロッパ地域
英領ガーンジー島
英領ジャージー島
英領マン島
リヒテンシュタイン
マルタ、キプロス
スイス、オランダ
アイルランド
ルクセンブルク等

アジア地域
香港、マカオ
シンガポール
バヌアツ等

アメリカ地域
英領バミューダ諸島
英領ケイマン諸島
英領ヴァージン諸島
オランダ領アンティル諸島
オランダ領キュラソー島
パナマ、バハマ等

出典：ロナン・パラン、クリスチアン・シャヴァニュー編、杉村昌昭訳［2014］『タックスヘイブン——グローバル経済を動かす闇のシステム』作品社、89～92頁を参考に作成。

スヘイブンを用いた合法・非合法の課税逃れによって、2019年に世界で年間5,000億ドルから6,000億ドル（およそ50兆円から60兆円）の法人税収が失われていると述べています。

●タックスヘイブンを用いた課税逃れの手法

タックスヘイブンの一つとされるオランダには、様々な税の優遇措置があり、これを利用することで租税を回避する様々な手法が使われてきました。アップルが1980年代に編み出し、グーグルやフェイスブックなど、名だたるIT企業が用いてきたとして有名になったものに、**図表2**に示した「ダブルアイリッシュ・ダッチ・サンドイッチ」と呼ばれる手法があります。アイルランドの低い法人税と、オランダとの間でロイヤリティ支払いが非課税であることを利用し、得られる利益のほとんどを非課税にするというものです。

このような手法によってアップルは、2009～2012年の間に少なくとも740億ドルの海外収益が課税されずにタックスヘイブンへと移されてきたことが米上院議会で明らかとなりました。アップルがアメリカ以外であげた利益に対する税率が2％以下の年度もあったといいます。つ

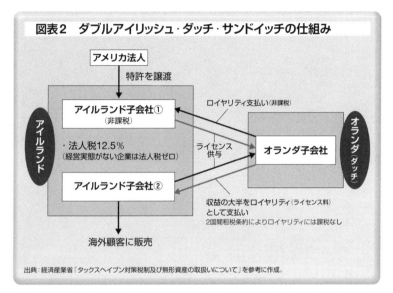

図表2　ダブルアイリッシュ・ダッチ・サンドイッチの仕組み

アメリカ法人

特許を譲渡

アイルランド子会社①
（非課税）

アイルランド

・法人税12.5%
（経営実態がない企業は法人税ゼロ）

アイルランド子会社②

海外顧客に販売

ロイヤリティ支払い（非課税）

ライセンス
供与

オランダ子会社

オランダ（ダッチ）

収益の大半をロイヤリティ（ライセンス料）
として支払い
2国間租税条約によりロイヤリティには課税なし

出典：経済産業省「タックスヘイブン対策税制及び無形資産の取扱いについて」を参考に作成。

まり、アップルが日本で製品を販売して利益をあげても、その利益の多くの部分がタックスヘイブンへと流れ、納められるべき税金が納められていなかったことになります。

●タックスヘイブンに切り込む

　世界中でタックスヘイブンに対する関心が高まるなか、その実態に関する情報が流出する事件が起きました。有名な流出文書に「パナマ文書」と「パラダイス文書」があります。

　「パナマ文書」とは、パナマにある法律事務所から流出した2.6テラバイトに及ぶ膨大な内部文書です。世界中のジャーナリストが分析に加わり、「国際調査報道ジャーナリスト連合（ICIJ）」から2016年5月に公開されました。パナマ文書が明らかにしたのは、世界中の政治家や富裕者が、税率がゼロか極端に低いタックスヘイブンを使って蓄財や金融取引をしていた実態です。

　「パラダイス文書」は、バミューダの法律事務所から流出したものです。内容はEメールや契約書など1.4テラバイトに及び、同じくICIJに

よって分析され、2017年11月に公開されました。これによりアップルの新たな節税策が明らかとなり、EUがアイルランドに対して追加の課税を命じるなど、実際の金銭問題にも発展しています。

しかし、これらの文書から、ある人物や会社がタックスヘイブンに資産を保有しているというところまでは明らかにすることができても、それが脱税のためであったと証明できなければ、罪に問うことは難しいのが現状です。タックスヘイブンに会社やファンドを持つこと自体は個々の国の法律には違反しないためです。

●タックスヘイブン対策の今

このように一部のグローバル企業や富裕層が、タックスヘイブンを利用することで、国家に支払われるはずの税金が支払われていない実態があります。そしてそのツケは、国内にしか活動基盤を持たない中小企業や国民一人ひとりの税負担増として、今ものしかかってきているのです。

タックスヘイブンを用いた課税逃れが世界的に大きな問題となるなかで、各国の法整備だけではなく、G20やOECDの枠組みのもとで、2012年からBEPS（税源浸食と利益移転）対策プロジェクトが進められるなど、国際協調の動きが始められました。しかしながら、グローバル企業はこうした動きに強固に抵抗し、OECDに対するロビー活動を行うなど、今まさにタックスヘイブンを巡る戦いが起こっているといえます。

必要なのは、課税逃れの被害を強く受ける世界各国の納税者・市民の声を反映させ、その改革を真に実効性のあるものにしていくことです。公平な税制を求める声が世界から起こることがタックスヘイブンを変革する確かな一歩になるはずです。

〈葛谷泰慣〉

[参考文献]
志賀櫻［2013］『タックス・ヘイブン──逃げていく税金』岩波書店。
リチャード・マーフィー著、鬼澤忍訳［2017］『ダーティ・シークレット──タックス・ヘイブンが経済を破壊する』岩波書店。

4 日本の原発政策は正しいか

日本は4枚のプレートの境目に位置し、地震、津波、火山爆発が多く原発立地に向かないうえ、放射性廃棄物処分の適地もありません。原発は発電中にCO_2を出さないものの、燃料の採掘・加工・輸送や、廃棄物の処理や廃炉過程で大量のCO_2を出すため、温暖化対策にはなりません。福島第一原発の廃炉のリスクとコストの大きさに目を向け、原発政策の検討が必要です。

●3.11に起きたこと

　東京電力福島第一原発では、2011年3月11日に起きた東日本大震災で外部からの電源供給が停止し、その後の津波により非常用発電装置が停止、冷却機能の喪失により炉心融解事故が起きました。翌日には、第1、第3、第4号機が水素爆発を起こし、大量の放射性廃棄物が環境中に放出される事故が起きました。INES（国際原子力事象評価尺度）に最も深刻なレベル7の事故と評価されましたが、事故現場の廃炉だけでなく、土壌汚染や水質汚染など解決の難しい問題を残しています。

　この事故は、想定外の天災によるもので不可避だったと語られることがありますが、2012年に出された国会事故調の報告書の「はじめに」には、「この事故が『人災』であることは明らかで、歴代及び当時の政府、規制当局、そして事業者である東京電力による、人々の命と社会を守るという責任感の欠如があった」と書かれています。

　日本の原発産業は国策民営と呼ばれるように、国が主導し、電力会社が三菱重工、東芝、日立の3社に発注して製造し、電力会社が運用をしてきました。1956年以降、国の保護を受けながら、54基の原発を日本列島の上に作り続けてきました。原子力発電は原爆、つまり軍事

利用されていた核エネルギーを、戦後に平和利用するとして、先進国を中心に導入された発電方式です。現在世界中で450基ほどの原発が稼働中ですが、世界の全電源で占める割合は1割弱です。

先進国における原発は、アメリカでのスリーマイル事故、旧ソ連でのチェルノブイリ事故などの影響を受けて1990年代には低迷気味となり新興国での新設が目立っていましたが、2000年に入ってから、アメリカがリードして政策を変更し原発を再度推進する動きが起きてきました。

背景には、原油高と温暖化対策や核をめぐる米露の力関係の問題があるとされ、再興に向けたこの動きを原発ルネッサンスと呼ぶことがあります。

しかし、3.11の事故は、先進国で起きていた原発ルネッサンスに水を指し、ドイツ、ベルギー、スイス、台湾、韓国があいついで脱原発を決めました。一方日本では、3.11以前に約3割を占めていた総発電量に占める原発発電量の割合が事故後に点検のために停止して一時ゼロとなりましたが、順次再稼働していることにより、現在は再び増加して6%を占めています（2021年3月現在、日本には33基の商業用原子力発電所があり、9基が運転中）。2018年の長期エネルギー基本計画には、2030年度までにこれを20〜22%にまで引き上げるという数値目標が出されています。ここでは、既存の原発を再稼働するのみならず稼働期間を40年間から60年間に延ばすことや、新増設も必要となり、将来にわたって原発が主要な電源になると位置付けられています。その一方で、「はじめに」には「可能な限り原発依存度を低減する」とも書かれています。また、再生可能エネルギーについては22〜24%と原発より少しだけ多めの数値で、「主力電源化する」とあるわりには、施策は具体性に欠き、日本のエネルギー政策の将来ビジョンは極めて不鮮明です。

むしろ私たちが注目すべきなのは、日本では3.11後に節電が定着し、原発の必要性が小さくなっていることと、自然エネルギーの年間発電

量の割合は10%前後でしたが、3.11後に着実に19%程度まで増加（2019年度）したという事実です。特に、太陽光発電が急増していることが目を引きます。自然エネルギー発電量の急増は世界的にも見られ、風力が2000年から伸び始め、太陽光は2010年頃から急増しています。2016年のデータでは、世界では自然エネルギーは最終エネルギー消費の18.2%を占め、雇用も多く生み出しています（環境エネルギー政策研究所）。また、3.11は安全コストの高まりを引き起こしたことで、従来いわれてきた原発のコストの優位性は疑わしいものとなりました。

●地球温暖化対策にはならない原発

原発が温暖化対策の柱になるという根拠としてしばしばあげられるのが、発電の際にCO_2を出さないという点ですが、これはミスリーディングです。例えば、日本原子力文化財団のホームページには、各種電源別のライフサイクルCO_2排出量[→図表1]があり、「原子力の発電電力量あたりのCO_2排出量は、石炭火力、石油火力、LNG火力に比べ大幅に少なく、太陽光、風力の自然エネルギーと同程度である」と書かれています。

棒グラフは発電燃料燃焼と設備・運用に分けて書かれています。前者は発電をしている最中に発生するCO_2、後者はライフサイクル全体のなかで、発電以外を指すとされています。

化石燃料である石炭、石油、LNGは、炭素と水素が主成分であるため、燃焼する際に、必ずCO_2を発生します。一方原子力は、発電の際にCO_2を発生しないから、発電電力量あたりの排出量が少ない、つまり温暖化対策になる、という主張です。

この図表1では設備・運用によるCO_2の発生量が何を指すかが重要です。注2を読むと、「原子力については、現在計画中の使用済燃料国内再処理・プルサーマル利用（1回リサイクルを前提）・高レベル放射性廃棄物処分・発電所廃炉等を含めて算出したBWR（19g-CO_2/kWh）とPWR（20g-CO_2/kWh）の結果を設備容量に基づき平均」とあります。これらのう

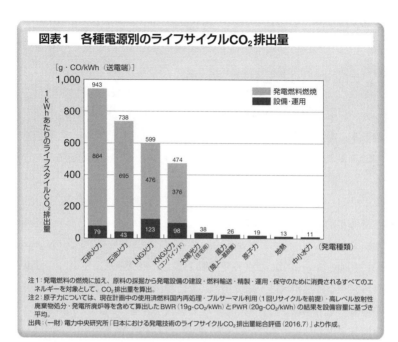

図表1　各種電源別のライフサイクルCO₂排出量

[g・CO/kWh（送電端）]

1kWhあたりのライフスタイルCO₂排出量

- 発電燃料燃焼
- 設備・運用

発電種類	発電燃料燃焼	設備・運用	合計
石炭火力	864	79	943
石油火力	695	43	738
LNG火力	476	123	599
LNG火力コンバインド	376	98	474
太陽光（住宅用）		38	
風力（陸上・着床式）		26	
原子力		19	
地熱		13	
中小水力		11	

注1：発電燃料の燃焼に加え、原料の採掘から発電設備の建設・燃料輸送・精製・運用・保守のために消費されるすべてのエネルギーを対象として、CO₂排出量を算出。
注2：原子力については、現在計画中の使用済燃料国内再処理・プルサーマル利用（1回リサイクルを前提）・高レベル放射性廃棄物処分・発電所廃炉等を含めて算出したBWR（19g-CO₂/kWh）とPWR（20g-CO₂/kWh）の結果を設備容量に基づき平均。
出典：(一財) 電力中央研究所「日本における発電技術のライフサイクルCO₂排出量総合評価（2016.7）」より作成。

ち、プルサーマル利用のみ一部進んでいるものの、それ以外はいずれも大きな問題を抱えており、妥当な見積もりを出せない段階です。

　また、原発が増えてもバックアップ電源として石炭火力発電所と揚水発電所を常に同時に増やしてきたため、CO₂排出量は増え続けました。原発は過疎地に作るため送電ロスも多いです。原料採取・加工と日本への輸送、発電、廃棄物処理、廃炉、すべての工程でCO₂を出し、核燃料サイクルだとその量はさらに増えます。原発は発電の際にCO₂を出さないという理由だけで、温暖化対策になるとはいえません。

●解決不能な放射性廃棄物問題

　吉岡［2011］が指摘するように、放射性廃棄物を再利用するための核燃料サイクルは順調とはいえず、放射性廃棄物の量は増える一方です。地震や火山爆発が多く、降水量の多い日本には、地中に埋蔵する適地は皆無です。そのようななか、モンゴル国の砂漠地域に日米の放射性

廃棄物の処分場を作ることを東芝が計画していたことが2011年に明るみに出ましたが、反対運動によって中止に追い込まれています。原発を持たず、世界でも稀なほどにサステナブルな生き方をする人々が守ってきた土地を放射性廃棄物の処分場にして、将来悪影響が出たらどう責任が取れるのか、経営者は考えないのでしょうか。

●日本に原発を置いてはいけない理由

図表2は、M7以上の地震が起きている場所と原発の位置を示しています。地震は世界中どこでも起きるわけではなく、プレートのつなぎ目で集中的に発生します。日本は4枚のプレートの境という世界的に見ても特殊な場所にあり、極端に地震・津波も火山も多いという特徴があります。アメリカやヨーロッパの原発は、そのほとんどが地震のない地域に立地しています。地震多発地域で多くの原発を抱えるのは、日本、台湾、そして近年地震が増え出している韓国である。**図表2**は、これらの地域に原発を置いてはいけないことをはっきりと示しています。

●原発を動かし続けることによるしわ寄せは誰にいくのか

政府による福島第一原発の廃炉費用の見積もりは、22兆円ですが（2016年12月）、日本経済研究センターによると70兆円に上るといわれています。環境経済学者の宮本憲一は「原発は国策として国民の負担によってつくられたが、破産しても国民の負担で救済されるという無責任な体系なのである」と述べています。

脱原発社会の実現を目指す市民団体「原子力市民委員会」は、東京電力福島第一原発の廃炉を巡り、「廃炉の完了を30～40年とする政府と東電の目標は非現実的で、不誠実だ」と批判しました。廃炉作業現場の放射線量は100年後には現在の約16分の1になると指摘し、当面は必要最小限の作業にとどめた方が作業員の被曝量や費用などを最小化できるとしました（『福井新聞』2018年3月6日）。

廃炉を先送りにすると、現在世代の負担を将来世代に押し付けることになり、世代間倫理の問題が生じます。しかし今行うと、廃炉の現

図表2　M7以上の地震が起きている場所と原発の位置

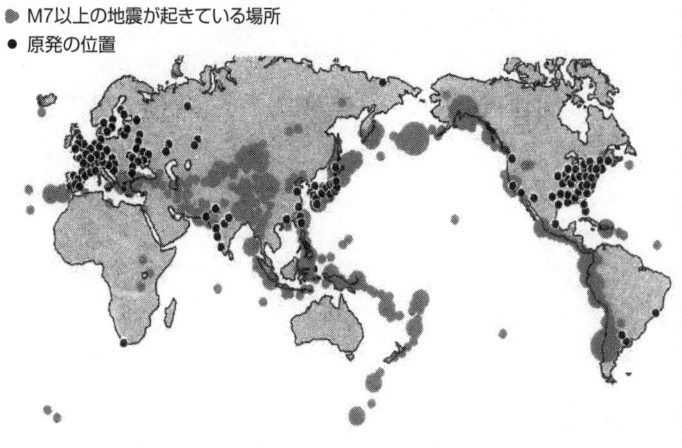

● M7以上の地震が起きている場所
● 原発の位置

出典：『朝日新聞』2006年5月26日、夕刊（図表は茂木清夫・東京大学名誉教授提供）。

場で健康被害を受けつつ働く人々に負担を押し付けることになり、世代内倫理の問題が生じます。核エネルギーを扱う原発は、リスクとコストがあまりにも大きく、民間企業にも国民にも、背負いきれるものでないことが自明です。地質学的に見て最も原発事故と廃棄物処理リスクの高い日本列島に暮らす私たちは、誰も責任を取れないような事態を引き起こしかねない発電方法を国策として受け入れ続けてよいのかどうか、検討する必要があるのです。　　　　　　　　　　　〈森永由紀〉

[**参考文献**]
「国会事故調査報告書」2012年。
吉岡斉［2011］『原発と日本の未来──原子力は温暖化対策の切り札か』岩波書店。

地球温暖化対策が喫緊の課題

大気中に放出される温室効果ガスにより地球が温暖化するという「地球温暖化仮説」は、科学研究の積み重ねにより、不確実性は残るものの、仮説の真実味が増してきています。地球温暖化への世界的な取り組みであるパリ協定が採択された2015年以降、企業の温暖化への取り組みは活発になり、温暖化対策はESG投資での重要なトピックになっています。

●地球温暖化とは

　地球温暖化研究の歴史を紐解くと、地球温暖化について決定的な事実が"発見"されたことはないことがわかります。1896年、スウェーデンの化学者スバンテ・アレニウスによって「化石燃料の消費が増えると、大気中のCO_2が増えて地球の気温は上がる」という地球温暖化の仮説が発表されました。その後、19世紀末より各地で観測され始めた地球の気温データが徐々に集められ、測器時代以前については古気候学的手法（氷床コア分析、花粉分析、年輪分析など）で復元されたものと合わせて仮説の検証が行われてきました。1958年からは大気中のCO_2の濃度の測定も始まりました。コンピューターを使った気候モデルによる過去の復元や将来予測研究が進むにつれて、この仮説の真実味が増してきました。この仮説は時空間スケールが壮大であることもあり完全に証明することは困難で、地球温暖化の研究とは、仮説の不確実性をひたすら小さくしていく営みともいえます。それらが示すものから温暖化の人類の将来への影響が懸念され、対応が国際的にも進められているのが地球温暖化問題です。

　1980年代は地球の平均気温の上昇が顕著になってきた時期です。

1988年6月にジェームス・ハンセンという気象学者が、アメリカの公聴会で、温暖化やそれによる異常気象が人間活動によるCO_2の増加のせいで起きている確率が高いと述べ、温暖化問題への関心は一挙に高まりました。同年、国連気候変動に関する政府間パネル（IPCC：Intergovernmental Panel on Climate Change）という組織が1988年に国連環境計画（UNEP）と世界気象機関（WMO）により設立され、温暖化への国際的な取り組みは本格化します。1992年にブラジルのリオで開催された地球サミットで温暖化防止のための気候変動枠組み条約ができ、1997年には先進国に温室効果ガスの削減を義務付けた京都議定書が採択され、先進国で温暖化対策への舵がきられました。2015年に採択された2020年以降の地球温暖化対策の道筋をつけるパリ協定には、先進国だけでなくほぼすべての国が参加しました。

●地球の温度は何度上がったのか

　IPCCは人為起源による気候変化、影響、適応および緩和方策に関し、科学的、技術的、社会経済学的な見地から包括的な評価を行うことを目的としており、その報告書は温暖化政策に科学的根拠を与えます。IPCCの第5次報告書（2013年）によると、世界平均地上気温は1880〜2012年の間で0.85℃上昇しました。さらに、コンピューターモデルによる将来予測では、2100年までに世界の地上平均気温は0.3〜4.8℃の範囲で上昇するといわれています。この数字を見ると、たったこれだけの温度上昇のために、世界中をあげて対策をしようとしているのかと、拍子抜けするかもしれません。

　しかし、最終氷期の最盛期である約2万年の地球の様子を見てみましょう。当時は寒冷で、大きな氷床が南極だけでなく北米、ヨーロッパ、南米、アジアのかなりの部分を覆っていました［→**図表1**］。海面水温を海洋プランクトンの化石から復元したこの最新の研究によると、当時の地球の平均気温は、今よりも6℃しか低くなかったと推定されています。私たちが経験する日々の気温と違い、地球全体の平均地上気温に

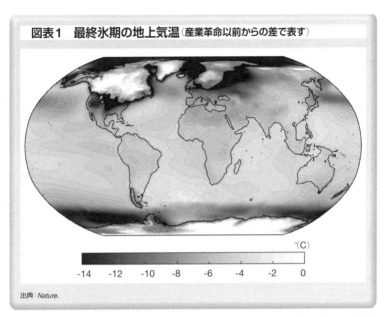

図表1　最終氷期の地上気温（産業革命以前からの差で表す）

℃（C）

-14　-12　-10　-8　-6　-4　-2　0

出典：Nature.

おいては、わずかな温度変化が大きな環境の変化を意味します。前述したパリ協定では、世界の平均気温上昇を、産業革命から2℃未満、できれば1.5℃未満に抑え、今世紀後半には温室効果ガスの排出を実質ゼロにすることを目標に掲げていますが、この数字が将来を大きく変えうる意欲的な目標であることが見えてきます。

また、**図表1**から寒冷化に地域性があるのがわかりますが、温暖化も同様です。4.8℃の上昇といっても、それは地球表面全体の年平均値であり、場所によって、それを上回る地域もあれば、変化しないところもあります。気象庁によると日本の気温の上昇率（+1.24℃/100年）は、世界全体の平均である0.74℃/100年より大きく、日本近海における海域平均海面水温（年平均）の上昇率は、+1.14℃/100年で、世界全体で平均した海面水温の上昇率（+0.55℃/100年）よりも大きくなっています。

●地球温暖化の科学「温暖化懐疑論」

パリ協定は地球温暖化という環境問題が世界を一つにした、画期的

図表2　地球温暖化仮説

①化石燃料の利用によってCO_2が排出される
↓
②大気中のCO_2濃度が増加する
↓
（CO_2は温室効果ガスだから）
↓
③地球が温暖化する
↓
④様々な悪影響が起きる…人間の滅亡？

な取り決めですが、アメリカのトランプ大統領が就任後の2017年6月に離脱を表明したことが大きな話題になりました。2021年1月には、バイデン氏が大統領に就任し、直後にパリ協定に復帰する手続きを取りました。実は1992年の気候変動枠組み条約採択当時より、トランプ大統領に限らず共和党は温暖化対策に後ろ向きで、民主党は前向きの姿勢を取ってきています。アメリカは温暖化問題に消極的に見えますが、選挙の際には移民問題に次いで気候変動問題がくるほど国民の関心は高いといえます。共和党が温暖化問題に消極的な理由は経済的なものですが、冒頭に述べたような地球温暖化の科学の不確実性を強調することも、しばしば行われてきました。世界中が一つになって取り組もうとしている温暖化問題のどこが不確実だというのでしょうか。**図表2**を見てみましょう。

ここで①は資源の採掘量から試算し、②は精度のいい地点の観測値を用いているので不確実性は小さいですが、世界全体の気温である③のデータには観測点の分布の不均一性や都市気候の影響など、まだ問題が若干含まれています。ただ、温暖化の研究は多くの国で精力的に行われている近年、このデータの不確実性は小さくなり、反対派の人でも、気温の上昇そのものを疑う人は少なくなっています。では、何

が問題かというと、「→」の部分、つまり、因果関係の不確実さです。この仮説を見ると、CO_2の濃度は化石燃料だけで決まるとか、気温はCO_2で決まると思ってしまいがちですが、ここの因果関係はまだわからないことがあり、完全に白黒ついたわけではありません。太陽活動の影響や、都市気候の影響、あるいは自然の気候変動の一部では、という議論はあります。科学における議論は大いになされるべきですが、温暖化対策を一定の方向に誘導するために懐疑論が政治経済的に利用されることがしばしばあるのは問題です。

温暖化は、新しい知見が増えて理解が深まると同時に、疑問点も出て、簡単に否定も肯定もできない仮説です。温暖化をはじめ多くの地球環境問題は、現象の時空間スケールが大きいだけに、不確実性を内包する問題として向き合う必要があります。複雑なことを複雑なまま理解しようとする態度こそが重要です。これまでは地球環境問題の説明方法として、単純化や誇張がしばしば行われてきましたが、「狼少年」的説明から脱皮すべき時期かもしれません。例えば④の温暖化の影響も、悪いものだけと断定するのは非科学的です。さらに、対応を考える際には、肯定派と懐疑派で争うのではなく、不確実性が大きいけれどどうするかと、問題設定を変える必要があります。対応策として、「温暖化のために○○せねばならない」というのではなく、社会のためにもいいし、温暖化のためにもよい対策と、複数の問題の同時解決につながるような方策を積極的に進めるのが安全といえます。

●温暖化への対応

対応策としては、緩和策としての温室効果ガスの排出削減と、気候変化への適応策があります。緩和策で最も重要なのは、エネルギーの浪費をやめて、省エネを進めることです。CO_2発生抑制技術としては、自然エネルギー、化石燃料転換です。原子力は温暖化対策にはなりません［→**第4章4**］。CO_2吸収源拡大としては、森林管理があります。また、近年注目されている技術として、CO_2回収・貯留技術がありますが、

副作用が懸念されるほか、コストも高いので、慎重に検討する必要があります。気候変化への様々な適応策も検討されています。

　日本では、2016年にわが国唯一の地球温暖化に関する総合計画である「地球温暖化対策計画」が策定されました。パリ協定に対応するために、中期目標として2030年度に2013年度比で26％削減し、長期目標として、2050年までに80％の温室効果ガスの排出削減を目指すとされました。さらに、2021年4月の気候変動サミットでは新たな目標が掲げられ、2030年度に46％削減、2050年にCO_2実質ゼロの「カーボンニュートラル宣言」がなされました。

●企業の温暖化対策をめぐる動き

　特にパリ協定の採択後、企業の温暖化対策をめぐる動きは活発になってきました。トランプ大統領がパリ協定からの離脱表明をしたあとでも、多くのアメリカ企業がパリ協定の内容に沿った活動を行うと声明を出すほど危機感が強まり、気候変動対策はESG投資での重要なトピックにもなっています。ここでは二つの取り組みを紹介します。

①TCFD：パリ協定を受けて、2015年12月に金融安定理事会（Financial Stability Board：FSB）は気候関連財務情報開示タスクフォース（Task Force on Climate-related Financial Disclosures：TCFD）を設立しました。TCFDでは、気候関連のリスクを、（1）低炭素経済への移行に関連するリスクと、（2）気候変動の物理的影響（異常気象や長期的気候変化・海面上昇など）に関連するリスクの二つの主要カテゴリーに分類して、対応への提言を出しています。

②WMB（We Mean Business）：企業や投資家の温暖化対策を推進している国際機関やシンクタンク、NGO等が構成機関となって運営しているプラットフォーム。構成機関はこのプラットフォームを通じて連携しながら、（1）ネットゼロ、（2）エネルギー、（3）輸送、（4）自然の気候ソリューション、（5）構築環境と産業、（6）実現に向けて、等の六領域において計11種の取り組みを実施しています。　　　〈森永由紀〉

⑥ クラウドファンディングによる新しい資金調達

企業の資金調達方法には、銀行を経由した間接金融と証券市場を通した直接金融があります。クラウドファンディングとは、企業などが直接個人投資家などからインターネットを通して資金調達するまったく新しい方法です。コロナ禍のもとで、共感できる企業への出資形態として注目されています。

●クラウドファンディングとは

クラウドファンディングとは、「群衆（Crowd）」からの「資金調達（Funding）」を意味し、これらの語を結び付けた造語です。新規や成長企業などの資金供給者と資金提供者をインターネット経由で結び付け、多数の資金提供者から少額ずつ資金を集める仕組みとされています。クラウドファンディングのメリットは、インターネットを利用することにより、小規模の資金調達でも、低コストかつ広範囲に資金を集められることです。

クラウドファンディングが拡大している背景には、フェイスブックなどのソーシャルネットワークが普及したことで、これらを介してビジョンや価値観などを共有する人々が集まるネット上のコミュニティが形成されたことが指摘できます。このようなコミュニティのなかで、多種多様な目的とともに資金提供者と資金調達者が出会い、資金のやり取りを行っています。

●クラウドファンディングの種類

クラウドファンディングの資金調達には、寄付、物品・サービスの購入、投資など様々な形態があり、資金調達別に寄付型、購入型、投

174　第4章—私たちの未来 企業と地球・市民

図表1　日本にけるクラウドファンディングの概況

類型	寄附型	購入型	投資型
概要	ウェブサイト上で寄附を募り、寄付者向けにニュースレターを送付する等	購入者から前払いで集めた代金を元手に製品を開発し、購入者に完成した製品等を提供する等	運営業者を介して、投資家と事業者との間で匿名組合契約を締結し、出資を行う等
対価	なし	商品・サービス	事業の収益
業登録の要否	―	―	第二種金商業
主な資金提供先	被災地・途上国等の個人・小規模事業等	被災地支援事業、障碍者支援事業、音楽・ゲーム制作事業等を行う事業者・個人等	音楽関連事業、被災地支援事業、食品、酒造、衣料品　等
資金調達規模	数万円程度	数万円～数百万円程度	数百万円～数千万円程度
1人あたり投資額	1口1円～（任意）	1口1,000円程度～	1口1万円程度～

注：上記のほか、匿名組合計約に基づき投資家から出資を募り、集めた資金の貸付を行うといった形態も存在。
資料：各種ウェブサイト。
出典：金融審議会「新規・成長企業へのリスクマネーの供給のあり方等に関するワーキンググループ」第1回会合配布資料、
　　　13頁（https://www.fsa.go.jp/singi/singi_kinyu/risk_money/siryou/20130626/03.pdf）。

資型に分類できます［→**図表1**］。寄付型は、ウェブ上で寄付を募るものであり、金銭的リターンは想定されていません。この型の有名なものは、一般財団法人ジャストギビング・ジャパンが運営するJustGiving Japanがあります。

同サイトは、2019年からはLIFULLソーシャルファンディングとして運営されています。このサイトには、NPOや自治体など約3,000団体が登録をし、これまでの掲載実績は約12,000件、累計21億円の寄付を集めました。ふるさとチョイスもこの型といえます。

購入型は、ウェブサイトでモノづくりなどのプロジェクトに対して、資金調達が行われ、そのプロジェクトの成果となるモノやサービスなどが対価として資金提供者に還元される仕組みです。現在複数の購入型サイトが運営されており、それぞれに特徴があります。例えば、READYFORは、日本初のクラウドファンディングサービスであり、他のクラウドファンディングサイトに比べ、公共性・社会貢献性が高

い活動への支援が多いことを特徴としています。

　投資型のクラウドファンディングにおいては、資金提供者は資金調達者から金銭的リターンを受け取ることを想定としており、ここには、集団投資スキーム（ファンド）型と株式出資者型があります。前者は、運営業者を介して、投資者と事業者との間で匿名組合契約などの出資契約を締結し、出資を行う仕組みです。後者は、資金調達者が株式を発効し、資金提供者はその株式を取得し、剰余金分配や株価の値上がりによって利益を得る仕組みです。

　株式投資型クラウドファンディングは、リターンとして非上場企業の株式を取得できる仕組みです。株式投資型クラウドファンディングで個人に少額で投資できる環境が整備されることで、企業・サービスの初期段階から応援でき、かつ将来的にリターンとして売却益を得る可能性ができるというメリットがあります。

　一方で、株式投資型クラウドファンディングを通じて取得した非上場企業の株式は、自由に売ることができません。株式投資型クラウドファンディングサイトには、FUNDINNO、GoAngel（ご縁ジェル）、エメラダ・エクイティなどがあり、現在様々な分野の非上場企業が登録しています。その他、ソーシャルレンディングと呼ばれる貸付型のクラウドファンディングの形態もあります。

●**投資型クラウドファンディング・プラットフォームの事例**

　集団投資スキーム型としてよく事例に出されているのが、ミュージックセキュリティーズです。同社は2000年に設立され、当初は音楽ファンドを運営していましたが、現在では食品、日本酒、医療、農業、林業、スポーツクラブ、工芸品、さらに被災地や途上国支援など多種多様な業種・分野に投資するファンドを運営しています。出資者は、事業内容や経営者の経営哲学などに共感し、少額の出資金からファンドの口数を購入することになります。出資は経営に応じて、投資のリターンは分配金や商品で受け取ることができます。

株式投資型クラウドファンディングの事例としてFUNDINNOを紹介します。FUNDINNOは日本初の株式投資型クラウドファンディングプラットフォームであり、2017年に誕生したサービスです。FUND-DINOは国内取引No.1であり、わずか1年半で累計成約額は16億円以上に達しました。2021年2月現在で約50億円の累計成約額となり、利用者も6万人を超えています。同サービスを通じてベンチャー企業に投資することができます。また投資家同士の交流もできる点、自分の応援した企業へ投資できることも魅力的な点です。

　コロナ問題で企業に対する考え方も変化してきている昨今、「企業を応援する」クラウドファンディングが増加しています。例えば2020年8月には、経済的困窮者を対象として、生活の自立と将来に備えた就労・起業支援を行っている日本初のマイクロファイナンス機関、一般社団法人グラミン日本が、コロナの影響に苦しむ方々に寄り添うプロジェクトとして、「グラミン日本 コロナで困窮する若者・ひとり親の未来を守る」のファンディングを開始しました。また、コロナ禍のもと営業自粛を余儀なくされた外食産業や飲食店などを支援するクラウドファンディングも増加しています。このように個人が支援したい企業、共感できる企業に出資をするということがインターネットを通じてできる世の中になってきています。

〈三和裕美子〉

［参考文献］
駒崎弘樹［2010］『「社会を変える」お金の使い方——投票としての寄付 投資としての寄付』英治出版。
松尾順介［2014］「クラウドファンディングと地域再生」『証券経済研究』第88巻。
松尾順介［2017］「投資型クラウドファンディングとベンチャー育成」『証券経済研究』第100巻。

社会的企業の機能と役割

利益追求を目的としない企業を社会的企業といいます。2004年に法制化されたイギリス社会的企業のルーツを探っていくと、「地域コミュニティの建設」による人々の経済的、社会的な発展を目指した先駆者組合の近代協同組合運動に行き当たります。現代の社会的企業もまた「地域コミュニティの建設」の運動にほかなりません。本論はそうした事例を簡潔に跡付けます。

●社会的企業の源は協同組合

　現代イギリスで生まれ、発展してきた社会的企業の源（ルーツ）は協同組合です。イギリスはまた「近代協同組合の創始」である「ロッチデール公正先駆者組合」の生誕地です。1844年に創立された先駆者組合が、マンチェスターにほど近いロッチデールにその姿を現したときには、組合員わずか30人足らずの小さな協同組合でした。それでも先駆者組合は「（友愛組合法に基づく合法的組織を意味する）Law First」を掲げ、経済－社会的な公正を実現するコミュニティ建設の鳥瞰図として6項目から成る「先駆者組合の目的」を掲げました〔→**図表1**〕。

　先駆者組合は、これらの6項目を実践することにより組合員の生活と労働の向上を実現するよう目指しました。しかしながら、先駆者組合が実践し得たのは①「店舗の開設」のみでした。とはいえ、②〜④はイギリス産業革命後の1860年代中葉以後に他の協同組合によって別個に実践されていきました（⑥については注1を参照）。

　⑤のコミュニティ建設は、現代世界の協同組合運動においてもなお「協同組合アイデンティティ」の一つとして協同組合の理念的基礎を担っていますが、当時は次のことを意味していました。すなわち、先駆者

図表1　先駆者組合の目的

①食料品や衣料品などを販売する店舗の開設。
②相互扶助によって「組合員の家庭的および社会的状態を改善する」ための住宅の建設。
③失業あるいは低賃金を余儀なくされている組合員を雇用する製造業の設立。
④組合が購入・賃貸により確保した農地を失業中の組合員や低賃金の組合員が耕作する。
⑤生産、分配、教育および統治の能力を備えたコミュニティの建設。
⑥禁酒ホテルの開設[1]。

組合の主要目的としての⑤は、組合員でもある地域コミュニティ（地域社会）の人たちの協力・協同によって生み出される経済−社会的な「共同の利益」に基礎を置いた「自立した協同コミュニティ」を建設することでした。したがって組合員は、組合活動全般において「1人1票の議決権」を原則とすることを了解していました。この時代に組合員が「平等と民主主義を組織活動の基本原則とする」ことを理解していたことは、極めて進歩的なことでした。彼らはすでに「協同組合運動の普遍的価値」を理解していたのです。そして創立から8年後の1852年に世界最初の協同組合法「産業および節約組合法」がキリスト教社会主義者を中心とする協同組合運動の指導者たちの努力によって制定されました。

　産業革命も末期を迎えていたイギリス社会に世界最初の協同組合法が制定されたことは、協同組合人たち（co-operators）に大きな希望を与え、協同組合運動の一層の発展を予見させました。他方で協同組合法に遅れること4年後の1856年に近代株式会社法が制定されます。こうしてイギリスでは、1850年代から80年代に他の諸国に先んじて、近代的な経済秩序への改革が漸次進行していきます。事実、協同組合と株式会社は現代に至るまで相並びつつ経済−社会的に競合してきたのです。ただし、協同組合は非営利組織として、また株式会社は営利組織として企業を展開し、現在に至っています。

　これまで私は、およそ180年もの歴史を有するイギリスの近・現代協

同組合と、1980年前後から同じイギリスで展開されて主に先進諸国に広がっていった「社会的企業」とが何らかの内在的関係を持っていることを示唆するために、産業革命末期の1840年代から50年代における近代協同組合運動の展開プロセスに言及してきました。例えば、**図表1**の「6つの目的」は主に「労働者の生活と労働の改善」と「地域コミュニティの建設と発展」に向けた近代協同組合運動の目標であり、労働者の組合員はこれらの目標に向けてお互いに協力・協同し、かつ民主主義を尊重して「地域コミュニティの建設と発展」のプロセスを推し進め、「自らの生活と労働の改善」と「他者の福祉（well-being）の実現」を追い求めていく——これこそ協同組合運動の王道である、との先駆者組合の訴えを私たちは理解したのです。

　実際、先駆者組合のこの訴えは、現代にあってもなお、イギリスのみならず他の多くの国々においても協同組合アイデンティティとして生きています。ただし、それは「地域コミュニティの再生と発展」として引き継がれ、実践されています。しかもそれは協同組合のみならず社会的企業の運動にも引き継がれ、実践されているのです。

　そこで、イギリスにおいて1970年代から80年代にかけて新しく設立された労働者協同組合の実践を精査すると、その理念やアイデンティティが地域コミュニティの再生・発展を担ってきた歴史を有する協同組合の実践とある接点を持っていることに気づきます。前者はコミュニティ協同組合と称される労働者協同組合であり、その数は年々増えています。このように、コミュニティ協同組合をはじめとする——すぐあとで言及するスコットランドの離島で活動している——労働者協同組合やそれに準じた他の非営利・協同事業体は、いわば社会的企業の初期の歴史を担ってきたといってよいでしょう。総じてそれらは多様な目的・目標を掲げてはいますが、「地域コミュニティの再生と発展」を追求している点で同じ目的を持つものです。これらの社会的企業は、その後1997年5月に政権を取り戻した労働党のトニー・ブレア首相のイ

ニシアティヴによる社会政策と連携していきます。以下、そこに行き着くまでの主たる事例を要約し、社会的企業の進んできた道を見てみましょう。

●労働者協同組合 vs. 新自由主義

1979年5月に組閣されたマーガレット・サッチャー政権は、1973～74年の石油危機を引き金とする経済成長の終焉とその後の景気後退によってイギリス福祉国家体制が破局を迎えたと喧伝し、それまでイギリス政府の経済政策と社会政策の大枠を構成していたベヴァリッジ主義に基づく「経済政策と社会政策の相互連関」を切り離し、「福祉部門の縮小」と「経済・産業部門の拡大」を中核とする新自由主義へと大きく転換しました。そうすることでサッチャー政権は、新自由主義の市場原理主義に基づく経済効率至上主義を最優先し、まずは国営企業や公益企業（ガス、電気、通信、水道、鉄道、住宅など）の民営化を実行することで新保守主義の「小さな政府」を図っていきました。

サッチャー政権はまた、完全雇用が実現されない状況下でケインズ主義を実行することは無責任であり、かつ世界同時的な景気後退が要因である「失業」にイギリス政府が公的責任を負うべきなのか、したがって「失業率の上昇」は「政府の失敗」なのか、との論陣を張り、多くの人たちを驚かせました。

こうしてイギリスの人々は、1980年代末頃から経済的、社会的な危機が忍び寄ってくるのを感じ取るようになります。この「忍び寄る危機」こそ「不平等と失業の危機」であったからです。このような状況下で、サッチャー首相は不可思議な言葉をイギリス市民に投げかけて、市民の反感を買うようになります。1988年5月のスコットランド国教会長老派総会で彼女はこういいました。「イギリスには社会というようなものは存在しません。存在するのは男と女の個人と、そして家族です」。これは明らかに新自由主義・新保守主義の観念（アイディア）にほかなりません。

サッチャー首相のこの言葉はイギリス市民に何ともいいようのない驚

きを与えました。なぜなら、彼女のこの言葉は「社会が存在しないイギリスでは、失業も病気もケアも個人の自己責任であり、家族の責任で対処する問題です」といい放っているからです。イギリス社会に典型的に見られた「福祉国家という枠組み」が1980年代から本格的に「新自由主義(国家)という枠組み」へと大変換していくプロセスは、福祉国家を自認していた他の西ヨーロッパ諸国にも多かれ少なかれ見られた現象ではありましたが、しかしそれに対して、1980年代中葉にはイギリスをはじめ西ヨーロッパ諸国で福祉部門の縮小や福祉財政の削減に反対する市民運動もまた大きく湧き起こりました。イギリスでもその市民運動の一つとして労働者協同組合運動が様々な地域コミュニティで展開されるようになります。

　例えば、1973〜74年の石油危機から発した景気後退(リセッション)に襲われたスコットランドの離島ウエスタン・アイルズでは、労働党政権によって1976年に設置されたコミュニティの再生を指導する公的機関「ハイランズ・アイランズ開発委員会」(HIDB)が、労働者協同組合の形成と発展を支援するパイロット計画に乗り出し、「雇用創出プログラム」に基づいた地域プロジェクトを立ち上げて(労働党政権下の)1977年11月から(79年5月から保守党政権下の)87年まで事実上、コミュニティ再生の支援を実行し、労働者協同組合形式のコミュニティ協同組合がコミュニティ開発の事業を継続実行しました。その結果、2001年までに19ものコミュニティ協同組合が地域コミュニティ開発事業を継続的に実行していきました[2]。

●CBSNの取り組みからSEUの設置へ

　実は、スコットランドは、イングランドやウェールズ以上に、1970年代前半から始まった石油危機や景気後退の影響を強く受けた地域コミュニティを抱えていました。遠隔の農村地域や離島地域に典型的に現れる失業者の増加、若者の減少、そして過疎化などによる地域コミュニティの構造的変容もまた経験してきました。それでも、このような

図表2　社会的企業の特徴と基準

①社会的企業は、社会的目的を有する、自立した事業体である。

②社会的企業は、社会的目的を達成するために生産・販売・購買などの事業に従事する、自立した事業体である。

③ 社会的企業は、個人には利益 (利潤) を分配しない (not-for-profit)、自立した事業体である。

④社会的企業は、コミュニティによってコミュニティのために委託された資産と富を保持する、自立した事業体である。

⑤社会的企業は、事業に関わる統治 (ガバナンス) へのコミュニティ住民の民主的参加を保障する、自立した事業体である。

⑥社会的企業は、地域コミュニティおよびコミュニティ住民への説明責任を果たす、自立した事業体である。

状況を目前にすれば、諸問題の解決に必ずや人々は立ち上がり、地域コミュニティの経済——社会的な再生に尽力するのです。スコットランドにあってその重要な枠割を果たしてきたのがCBSN (Community Business Scotland Network) でした[3]。CBSNはコミュニティ協同組合、労働者協同組合、コミュニティ・ビジネス、コミュニティ・エンタープライズなど多様な非営利・協同事業体の連帯・連携を推進し、かつ社会的企業を類型化するのに貢献してきました。すなわち、CBSNは多様な種類の「コミュニティ・ビジネスが共有する基準や特徴」を提示し、「社会的企業への道」を開く役割を果たしたのです。例えば、CBSNはコミュニティ・ビジネスの**図表2**のような特徴と基準を提示しました。

　CBSNが提示したこの「社会的企業の特徴と基準」は十全であるとはいえませんが、社会的企業の全体像を改めて示唆する先駆的アプローチプとして有効なものでした。なぜなら、スコットランドにおいてはいうまでもなく、イングランドをはじめとする他のすべての地方・地域においても社会的企業の展開が注目されるようになってきたからです。とりわけ2001年10月に (当時の) 貿易・産業省 (DTI) に社会的企業局 (Social Enterprise Unit：SEU) が設置され、社会的企業がイギリス全土で注目されるようになり、社会的企業は①不利な条件のもとに置かれているコミュ

ニティに設立され、公的サービスを促進する、②地域コミュニティにおける経済活動を活性化し、雇用受容能力（employability）を向上させる、③持続可能な経済的基盤を創り出す、④社会的企業の多様な潜在可能性を支援し、適切にその価値を付加していく、⑤社会的企業セクターの潜在能力を着実に高める、との「社会的企業の協議事項（アジェンダ）」が示され、2002年7月には「社会的企業：成功のための戦略」が公表され、注目されました。

この「戦略」が公表された理由をDTIのパトリシア・ヒューイット大臣はこう述べています。「DTIは、社会的企業が現実の経済の隙間（すきま）を埋める『傍流の経済』と見なされるのではなく、現実の経済のなくてはならないダイナミックな部分だと確実に見なされるようにするために、社会的企業を促進し、成長させ、持続させる戦略を打ち立てたのです」[4]。そして彼女は次の前置きを付け加えて、彼女の「社会的企業の定義」を示しました。

　　社会的企業は多様です——コミュニティ・エンタープライズ、ソーシャル・ファーム（social firm）、コミュニティ・ビジネス、ボランタリィ組織から協同組合のような相互扶助組織までその種類は多様であり、規模も一部の範囲しか及ばないような小規模な組織から全国的、あるいは国際的な規模まで様々です。そこで『戦略』は、そのような多様な種類と規模の社会的企業をより有益でより優れた事業体に育てあげ、その価値を承認させるために社会的企業を簡潔にこう定義しました。

　　社会的企業は、社会的目的を有する事業体である。その剰余（surplus）は、その社会的目的を実践するために、主に事業あるいはコミュニティに再投資される。社会的企業の事業は、株主や事業主のために利潤を最大化しなければならないとする動機によって遂行されるの

ではない。

　かくしてまた私も、イギリスにおける社会的企業を調査し考察してきたプロセスを踏まえて社会的企業を定義するならば、次のように表現することができるでしょう。

　　社会的企業は、地域コミュニティのニーズおよび他の特別なニーズに根ざした社会的目的をコミュニティの安定した統治を支える「市民の自治・権利・責任・参加」(シチズンシップ)に基づいて達成するために、財およびサービスの生産と供給を遂行する持続可能な事業体である。したがって、社会的企業の事業と経営は、市民たる人々の「生活の質とコミュニティの質」の双方の向上を目指す非営利・協同の意 識(コモン・センス)に基づいて遂行される。

〈中川雄一郎〉

1——「禁酒ホテルの設立」については、拙著『協同組合のコモン・センス——歴史と理念のアイデンティティ』日本経済評論社、2018年、第1章7〜9頁を参照。
2——拙著『社会的企業とコミュニティの再生——イギリスの試みに学ぶ(第2版)』大月書店、2007年、88〜95頁を参照されたい。なお、HIDBは、労働党から保守党のサッチャー政権に変わった1979年5月以降は「ハイランズ・アイランズ・エンタープライズ」(HIE)へと名称を変えましたが、HIEが(HIDBの)人事、組織、それに資金調達をほぼ引き継いだことから、事業運営の責任と権限を従来のまま保持することができ、HIEはHIDBの社会—経済開発プロジェクトを継続することになりました。
3——その他に消費者協同組合、住宅協同組合、クレジット・ユニオン、LETS(レッツ：Local Exchange Trading System)、コミュニティ開発トラスト、チャリティ事業体、ソーシャル・ファーム、それにソーシャル・ビジネスなどが社会的企業に類型化される事業体です。
4——Department of Trade and Industry, Social Enterprises: A Strategy for Success, July 2002.

［編者付記］
労働者協同組合法の成立
2020年12月、国会において労働者協同組合法案が全会一致で可決・成立し、日本においても社会的企業の新しい取り組みが可能になりました。今後の発展が期待されます。

8 SDGsとESG投資が未来の社会を創る

SDGsとは2015年に国連が採択した持続可能な開発目標のことです。17の目標および169のターゲットからなっています。コロナ感染が世界中に拡大するなかで、企業は利益を追求するだけでなく、感染拡大防止策やワクチン開発、従業員の安全、働き方の問題などへの取り組みが問われています。ESG投資も取り上げます。

●SDGsとは

SDGsは人間および地球の繁栄のために、国連が2015年9月25日の「持続可能な開発サミット」で「持続可能な開発のための2030アジェンダ」を採択したことに始まります。ここで2016年から2030年までの「持続可能な開発目標」として17の目標および169のターゲットが定められました。17の項目は**図表1**に示されています。

投資家の立場からもSGDsへの注目が集まっています。わが国のGPIF（Government Pension Investment Fund：年金積立金管理運用独立行政法人）は、約180兆円（2021年2日現在）の資金を運用しています。このような資本市場全体に幅広く分散して運用する長期投資家は「ユニバーサル・オーナー」と呼ばれます。こうした投資家が長期にわたって安定したリターンを獲得するためには、投資先の個々の企業価値が持続的に高まることが重要です。そこで年金などの大規模な機関投資家は、ESG（環境・社会・ガバナンス）の要素に配慮する投資への関心を高めています。これは投資家の立場からSDGsを推進する動きといえます［→**図表2**］。

現在GPIFは、以下の四つのESG指数を採用しています。

(1) FTSE　Blossom Japan Index

図表2　ESG投資とSDGsの関係——社会的な課題解決が事業機会と投資機会を生む

出典：国連等よりGPIF作成。

（2）MSCIジャパンESGセレクト・リーダーズ指数

（3）MSCI日本株女性活躍指数

（4）S&P/JPXカーボン・エフィシエイト指数

　環境などに配慮したサステナブル（持続可能）な企業は、そうでない企業に比べて競争力が高い、という近年の研究動向にもあと押しされ、ESG投資は投資のメインストリームとなりつつあります。

●ESG投資とは

　ESG投資とは、「Environment・Social・Governance」、環境・社会・コーポレートガバナンス（企業統治）に配慮する投資を意味します。

　環境問題の中心的課題は、気候変動に関するものです。地球温暖化の進展によって、海水面の上昇、海洋の酸性化、海の表層での水温の上昇、海洋生物種の分布の変化、大雨の頻度や強度、降水量の増加、食料生産への影響などの多様な問題を含有しています。現在、ヨーロッパを中心に地球温暖化対策は強化されており、フランスは2040年までに国内のガソリン車とディーゼル車の販売を禁止する方針を明らかにしました。イギリスも同様の方針を公表しています。また2020年12月EUは、2050年までに「正味CO_2ゼロ排出（カーボン・ニュートラル）」を実現することを目指して、適格な投資分野を特定（分類）する仕組みであるEUタクソノミーを導入しました。わが国でも2020年10月に、菅義偉首相が臨時国会の所信表明演説で、「わが国は、2050年までに、温室効果ガスの排出を全体としてゼロにする、カーボンニュートラルを目指す」と宣言しました。

　社会問題の中心課題は人権問題です。近年、大企業のサプライチェーンの児童就労や、労働環境問題が注目されています。また、コロナ禍のもとでの不当な解雇や、労働者の感染リスク対策、テレワークなどの整備に対する取り組みが喫緊の課題としてあげられています。

　コーポレートガバナンスの問題は、コーポレートガバナンス・コードやスチュワードシップ・コードの導入により企業の内部統制、社外取

締役、特に女性の取締役導入などが話題となっています。

　今日、上記のような課題を配慮して投資判断をすることが機関投資家にとって重要な課題となっています。なぜならばESG要因は長期的に見て企業に及ぼす規制や評判に関わるリスクを高めることになるからです。またESG要因は新たなビジネスの機会につながるなど収益機会になりうる可能性もあります。

　企業も短期的に利益を追求するだけでなく、その活動が社会や地球環境に与える影響に責任を持つことが重要であり、財務情報だけではなく非財務情報の開示も求められています。投資家のみならず、市民などのステークホルダーにとっての重要な課題をマテリアリティといいます。企業にもSDGs・ESGを意識した原材料の調達が拡大しています。2018年、花王は化粧品原料の栽培で強制労働をしていないかなど海外1,500か所の調査に乗り出す方針を、またANAホールディングス（HD）は機内食に使う食材の調達先管理を徹底する方針を公表しました。さらに花王は、適切にパーム油を作ったことを示す国際認証制度「RSPO」を活用する方針を表明しています。このように、企業も機関投資家のESG投資に対する関心は高く、今後は中長期的な企業成長、そして非財務情報の開示が重要な課題です。　　　　　　　　　　　〈三和裕美子〉

［参考文献］
境睦・落合孝彦編著［2019］『グラフィック経営財務』新世社。
ディアーク・シューメイカー、ウィアラム・シュローモーダ他著、加藤晃訳［2020］『サステナブルファイナンス原論』金融財政事情研究会。
水口剛［2017］『ESG投資——新しい資本主義のかたち』日本経済新聞出版社。

⑨ フェアトレードで実現する持続可能な社会

フェアトレードは、SDGsの17の目標のうち八つに貢献できます（目標1、2、5、8、10、12、13、17）。私たちの暮らしを支えている様々なモノが、どこで、誰によって、どのように生産されているのかを理解し、その過程を公正なものにすることで、持続可能な世界に近づきます。フェアトレードとは何か、その仕組みや課題はどのようなものか、紹介します。

●私たちの生活と貿易

日本の暮らしは貿易に支えられており、衣類の98％（数量ベース）、食べ物の6割超（カロリーベース）は輸入品です（2019年）。エネルギー源の大部分も化石燃料の輸入に依存しています。コンビニ弁当の具材一つひとつが経てきた道のりを合わせれば、地球何周分にも相当するものがあります。日常で意識することは少なくても、私たちの生活は見ず知らずの多くの人々に支えられています。ところが、私たちに様々なモノを供給してくれる人々が、貿易から私たちと同等の恩恵を享受しているとは限りません。なかには、十分な報酬を得られないだけでなく、児童労働や現代奴隷（債務奴隷）といった人権問題、森林伐採や生態系破壊などの環境問題が潜んでいることさえあるのです。

●フェアトレードとは何か

フェアトレードとは、「公正な貿易（fair trade）」のことです。わざわざ「公正な」と断るのは、「不公正な貿易（unfair trade）」もあるためです。不公正な貿易は、不利益を被る側が拒否すれば長続きしないように思えます。ところが、経済構造や流通システムの歪みが、特に途上国の生産者を苦しめることもあります。

労働者が劣悪な環境で低賃金雇用される苦汗工場は、過去のものではありません。また、輸送・貯蔵手段を持たない農民が独占的な仲買人と取引する場合、選択の余地は限られます。多少の価格交渉はできても、有力な交渉カードはありません。仲買人に借金していれば、立場はさらに弱いでしょう。とはいえ、元手もなく、教育や技術習得の機会もなければ、他の生活手段を得るのも困難です。自由と公正が両立するためには、十分な選択肢が必要なのです。

●国際フェアトレード憲章（2018年）

　国際フェアトレード憲章では、「フェアトレードとは、より公平な国際貿易を求める、対話・透明性・敬意に基づく貿易パートナーシップです。とりわけ南の取り残された生産者や労働者に対して、より良い取引条件を提供し、彼らの権利を守ることによって、持続的な発展に貢献するものです」としています。

　「より良い取引条件」ですが、生産者から適正価格で購入することで、所得保証、生活水準の向上、環境保護などを目指します。具体的には、①最低保証価格の設定など公正な支払い、②債務からの解放のための前払い、③継続的で安定した取引契約、などの特徴があります。これらを通じて、一般的な寄付や援助とは異なる方法で、主に途上国の生産者の経済的・社会的自立を促進します。また、その支援のため、購入代金に加えプレミアムが支払われることもあります。

　コーヒーやカカオの場合、収穫量や価格の変動によって生産者の所得も変化するので、生活が不安定になりがちです。かつては国際商品協定や一次産品共通基金によって、価格や輸出所得の改善・安定化が目指されたこともありましたが、市場競争を重視する新自由主義の高まりのなかで崩壊しました。フェアトレードは、そうした国際経済の不備を補う役割も担っているといえます。

　なお、国際フェアトレード憲章は、フェアトレードのビジョンも掲げています。それは、「正義、公平、持続可能な発展が貿易の構造と実践

の中心にあり、誰もが自らの仕事を通じて人間らしい尊厳のある生活を維持し、自らの潜在能力を最大限に発揮できるような世界」の構築です。フェアトレードの目的は、世界全体の正義、公平、持続可能性であり、人間らしい生活や労働の実現なのです。

●生産者と消費者を近づけるフェアトレード

　日本の生活は世界中の生産者に支えられていますが、サプライチェーンが複雑化するなかで、日々購入する製品について、どこで、誰が、どのように生産したのかが見えにくくなっています。フェアトレードの役割は、生産者と消費者を意識的に近づけ、透明で公平な貿易を実現することです。もちろん、生産や流通における透明性の確保は、消費者にとっての安心・安全の度合いも高めます。

　フェアトレードに取り組む組織や企業は、どこもそれに努めています。途上国を支援しているNGOが対象地域の手工芸品や農産物などを扱う場合、製品や生産者の情報が詳しく紹介されます。また、生活協同組合のような、生産者との顔の見える関係を重視する組織も、フェアトレードの重要な担い手です。なお、国際貿易ではありませんが、公正で安全・安心な国内産直取引を、国内フェアトレードと呼ぶこともあります。生産者と消費者を近づけることで、製品購入という市場での投票行動に対して、消費者の責任意識を醸成するのもフェアトレードの大切な役割なのです。

●フェアトレードのグローバルなネットワーク組織

　上述の国際フェアトレード憲章は、フェアトレードに取り組む二つのグローバルなネットワーク組織によって策定されました。

　一つは、世界フェアトレード機関(WFTO)です。WFTOは、フェアトレード製品の開発や輸入・販売をする団体と、現地の生産者団体からなります。10の指針を定めており（①生産者に仕事の機会を提供する、②事業の透明性を保つ、③公正な取引を実践する、④生産者に公正な対価を支払う、⑤児童労働や強制労働を排除する、⑥差別をせず、男女平等と結社の自由を守る、⑦安全で健

図表1　WFTOの団体認証マーク(左)・FIの製品認証ラベル(右)

康的な労働条件を守る、⑧生産者のキャパシティ・ビルディングを支援する、⑨フェアトレードを推進する、⑩環境に配慮する)、加盟団体はその遵守を保証する団体認証マークを使用できます。

　もう一つは、フェアトレード・インターナショナル(FI)です。こちらは、1980年代後半に欧州を中心に広がったフェアトレード・ラベル運動を起源とします。フェアトレードの普及には、フェアトレード専門店以外の小売店にも販路を広げることが有効です。その際、フェアトレード製品を識別しやすいようにラベルを貼るのです。1997年に各国のラベル推進機関が前身の国際フェアトレード・ラベル機構(FLO)を設立し、2002年に現在の国際統一ラベルが誕生しました。ラベルは、個別の製品が経済、社会、環境などの基準を遵守していることを認証するもので、製品認証と呼ばれます。そのため、フェアトレード専業でない組織・企業でも、一部の製品に限定して認証を得ることができます。

　なお、2011年にFIを脱退したフェアトレードUSAなど、ほかにも独自の認証ラベルを持つネットワーク組織があります。

　これらの国際認証マークやラベルは、フェアトレード製品の公正さを保証するものです。組織や企業のなかには、独自の基準を設定して、それに基づく公正な取引を行っているところも少なくありません。ただし、自社の基準を満たすのと、透明性のある国際基準の認証を得るのとでは、客観的な信憑性が異なってきます。

●フェアトレードの課題

　フェアトレードは、公正な世界を築くための有効な手段の一つですが、価格が高い、認証費用が高い、などの批判もあります。

　フェアトレード製品の市場規模が拡大すれば、単位あたり管理費や流通費が減り、価格面で量産品に近づけるかもしれません。ただ、効率性のために小規模生産者・販売者を切り捨てれば、公正さを失います。価格については、市場に出回る廉価品の安さの理由も問われなければならず（もちろん、廉価品＝不公正なわけではありません）、フェアトレードはそれを考える契機にもなるでしょう。

　認証費用の割合は大きなものではありませんが、例えばFI認証ラベルの場合、生産者団体からも徴収することへの批判もあります。これは、生産者＝被援助側ではなく、対等なパートナーシップによる貿易という理念に基づいています。フェアトレードに取り組みたいが費用が払えない生産者団体には、支援体制も構築されています。

　また、大手企業の参入をめぐり、認証ラベルの是非が問われることもあります。認証ラベルにより、コーヒーではネスレやスターバックスなどが、フェアトレードを導入できました。認証ラベルの創設者の一人は、「ラベルはスターバックスが使うためのものではなく、スターバックスに対抗するためのものだ」と批判しました。ただし、巨大企業の参入でフェアトレード市場は著しく増大し、社会の認知度も高まりました。ネスレのコーヒーは世界で毎秒約4,000杯も飲まれており、そのごく一部であってもインパクトは絶大です。

　他方でネスレは、イギリス市場向けキットカットの原料にFIの認証カカオを使用してきました。ところが2020〜2021年度からは、環境保護団体の割安な認証カカオへ切り替えると発表しました。イギリスのキャドバリーや大手小売りのセインズベリーは、ここ数年でそれぞれカカオや紅茶をFI認証から独自基準に切り替えました。認証費用は売上高または販売重量に応じて決まるので、販売が増えるほど負担総額が

重くなります。しかし大手企業によるフェアトレードからの突然の撤退は、安定した取引を望む生産者にとって大きな痛手となるのです。

●コミュニティとしてのフェアトレードへの取り組み

最後に、フェアトレード・タウン運動を紹介します。これは、行政、企業・商店、住民などが協力し、地域全体でフェアトレードに取り組む運動です。2000年にイギリスで始まり、世界で2,000を超える都市がフェアトレード・タウンに認定されています。また、大学ぐるみでフェアトレードに取り組むフェアトレード大学運動もあります。

これらコミュニティを基盤としたフェアトレード運動は、不利な立場、弱い立場にある人々への関心や、自然環境の保護に対する意識を通じて、自分たちが暮らす地域でも「公正で持続可能な社会」を構築する狙いがあります。上述のように、フェアトレードが目指すのは世界全体の正義や公正であり、人間らしい生活や労働の実現です。個々人が関係する様々なコミュニティを基盤としたフェアトレード運動は、人と人とのつながりを考え直す大切な機会となることが期待されます。

●フェアトレードのススメ

世界には様々な格差や対立がありますが、その背景には過去数十年間に生じた社会的責任の希薄化と自己責任論の行きすぎがあるように思います。かつてイギリスのサッチャー首相は、「社会なんてものは存在しない」と、新自由主義の旗を振りました。同じ保守党のジョンソン首相は、自身がCOVID-19に感染して社会福祉制度の重要性を痛感し、「まさに社会というものが存在する」といいました。今後は、いきすぎた部分の修正が必要になるでしょう。

企業の行動も、単なる自己利益の追求から、ある程度の功利主義への回帰、つまり、自社のサプライチェーン全体に対する責任や社会全体の利益の重視が求められるようになり始めています。フェアトレードの原則と精神は、今後の企業や消費者のあり方にとって、有用な指針となることが期待されるのです。　　　　　　　　　　〈小林尚明〉

おわりに

　本書の企画を立てたのは2020年初頭のことでした。企業を取り巻く環境の大きな変化や浮かびあがる様々な課題について、学生や社会人がわかりやすく学ぶことができるというコンセプトで作りました。その後、新型コロナパンデミックが世界中を襲い、企業に関する問題はさらに深まり、拡大しました。このようななかで、私たちは一国だけではなく、地球規模の視野で企業の論点を考える必要があることを再認識しました。

　本書は、企業の現場で起きていることから歴史的に重要なことまで、また企業論、法律、会計から環境問題まで、たくさんの項目を扱っています。執筆陣として、様々な専門分野の研究者、弁護士、ジャーナリスト、労働運動家が結集しました。これだけ多士済々なメンバーが参加した企画は、あまり例がないのではないでしょうか。

　新型コロナ禍のもとで対面での研究会ができなくなり、オンラインで執筆者、院生、編者との研究会を重ねてまいりました。感染者数が増えていくなか、パンデミック後の未来も見据えて企業を考えてきました。このような状況が早く落ち着き、企業活動が正常になることを祈りつつ、本書を世に出したいと思います。

　最後になりましたが、この企画を出版に導いていただきましたアジール・プロダクションの村田浩司様、旬報社の木内洋育様に、この場をお借りして感謝を申し上げます。

　2021年4月

野中郁江、三和裕美子

［編者］

野中郁江（のなか・いくえ）
明治大学商学部教授、商学博士。専門は会計学、経営分析論。『ファンド規制と労働組合』（共編著、新日本出版社、2013年）、『私立大学の財政分析ハンドブック』（大月書店、2020年）、『市民が学ぶ決算書——企業と社会がわかる』（編著、唯学書房、2020年）など。[**はじめに、第2章2、3、4、6**]

三和裕美子（みわ・ゆみこ）
明治大学商学部教授、商学博士。専門は証券市場論、機関投資家論、コーポレート・ガバナンス論。『機関投資家の発展とコーポレート・ガバナンス——アメリカにおける史的展開』（日本評論社、1998年）、『東アジアとアセアン諸国のコーポレート・ガバナンス』（編著、税務経理協会、2016年）、『ファイナンス入門』（共著、代田純他編、ミネルヴァ書房、2021年）など。[**第1章1、2、9、第2章9、第4章2、6、8、おわりに**]

［執筆者］（50音順）

葛西洋平（かさい・ようへい）
島根大学法文学部講師。専門は金融論。「戦後アメリカレポ市場の発展に関する一考察」『明大商学論叢』（第102巻，第2号，2020年）。[**第1章2、3、5**]

北 健一（きた・けんいち）
ジャーナリスト。企業社会と働き手の接点で起きる出来事を取材。『その印鑑、押してはいけない！——「ハンコください」が招く悲劇』（朝日新聞社、2004年）、『コンビニオーナーになってはいけない——便利さの裏側に隠された不都合な真実』（共著、旬報社、2018年）ほか。[**第3章4、5、8**]

葛谷泰慣（くずや・たいかん）
明治大学大学院商学研究科博士後期課程。専門は金融論。「日本企業の付加価値分配構造の変化」『商学研究論集』第54号。[**第2章8、9、第4章3**]

國島弘行（くにしま・ひろゆき）
創価大学経営学部教授。専門は経営管理論、経営学。「金融のグローバル化とコーポレート・ガバナンス改革」重本直利・篠原三郎・中村共一編著『社会共生学研究——資本主義をマネジメントする』（共著、2018年、晃洋書房）。[**第1章4、7**]

黒田兼一（くろだ・けんいち）
明治大学名誉教授。専門は人事労務管理論。『戦後日本の人事労務管理——終身雇用・年功制から自己責任とフレキシブル化へ』（ミネルヴァ書房、2018年）、『フレキシブル人事の失敗——日本とアメリカの経験』（共著、旬報社、2012年）。[**第3章1～3**]

小林尚朗(こばやし・なおあき)

明治大学商学部教授。専門は世界経済論、貿易政策論、アジア経済論。『貿易入門——世界と日本が見えてくる』(共編著、大月書店、2017年)。[**第4章8**]

田中里美(たなか・さとみ)

津市立三重短期大学法経科准教授。専門は会計学。『会計制度と法人税制——課税の公平から見た会計の役割についての研究』(唯学書房、2017年)。[**第1章6、第2章5、6**]

寺澤智広(てらさわ・ともひろ)

明治大学大学院商学研究科博士後期課程。[**第1章8、第2章7**]

徳住堅治(とくずみ・けんじ)

旬報法律事務所弁護士。『企業組織再編と労働契約』(旬報社、2016年)。[**第3章9〜11**]

中川雄一郎(なかがわ・ゆういちろう)

明治大学名誉教授。専門は協同組合学・社会的企業論。『協同組合のコモン・センス——歴史と理念とアイデンティティ』(日本経済評論社 2018年)。[**第4章7**]

永山利和(ながやま・としかず)

東京自治問題研究所理事長、元日本大学教授。専門は労働経済論、中小企業論。『公契約条例がひらく地域の仕事・くらし』(共著、自治体研究社、2019年)。[**第2章1、第4章1**]

細永貴子(ほそなが・たかこ)

旬報法律事務所弁護士。旬報法律事務所編『明日、相談を受けても大丈夫! 労働事件の基本と実務——紛争類型別手続と事件処理の流れ』(共著、日本加除出版、2020年)。[**第3章6、7**]

森永由紀(もりなが・ゆき)

明治大学商学部教授。専門は気候学・環境科学。森永由紀「モンゴル国の馬乳酒」『科学』(89(9) 817-823、2019年9月)。[**第4章4、5**]

森 治美(もり・はるみ)

全労連・全国一般東京地本委員長。『労働組合をどうする——その強化への挑戦』(共著、本の泉社、2020年)。[**第3章12**]

吉沢壮二朗(よしざわ・そうじろう)

和光大学経済経営学部専任講師。専門は会計学、経営分析論。『市民が学ぶ決算書』(共著、唯学書房、2020年)。[**第1章8**]

図説 企業の論点

2021年6月10日　初版第1刷発行

編者————————野中郁江＋三和裕美子

ブックデザイン——宮脇宗平

編集協力————————有限会社アジール・プロダクション

発行者————————木内洋育

発行所————————株式会社旬報社

　　　　　　　　〒162-0041

　　　　　　　　東京都新宿区早稲田鶴巻町544　中川ビル4F

　　　　　　　　TEL 03-5579-8973

　　　　　　　　FAX 03-5579-8975

　　　　　　　　HP https://www.junposha.com/

印刷製本————————中央精版印刷株式会社